KB119071

10대를 위한
성고민 상담소

※ 본 도서는 2020년 세종도서 교양부문 선정도서입니다.

10대를 위한 성 고민 상담소

초 판 1쇄 2020년 03월 24일
초 판 3쇄 2021년 05월 11일

지은이 박성은
펴낸이 류종렬

펴낸곳 미다스북스
총괄실장 명상완
책임편집 이다경
책임진행 박새연 김가영 신은서
본문교정 최은혜 강윤희 정은희 정필례

등록 2001년 3월 21일 제2001-000040호
주소 서울시 마포구 양화로 133 서교타워 711호
전화 02) 322-7802~3
팩스 02) 6007-1845
블로그 http://blog.naver.com/midasbooks
전자주소 midasbooks@hanmail.net
페이스북 https://www.facebook.com/midasbooks425

© 박성은, 미다스북스 2020, *Printed in Korea*.

ISBN 978-89-6637-776-3 03370

값 15,000원

학교에선 가르쳐주지 않는 우리 몸과 성 이야기

10대를 위한
성고민 상담소

박성은 지음

미다스북스

사춘기, 독립을 시작하다

20여 년 이상 사춘기 아이들과 지내고 있다. 아이들은 밝다. 솔직하다. 때로는 친구관계로 힘들어하기도 하고, 때로는 자기 자신과 싸우기도 한다. 사춘기를 맞이한 친구들이 치는 사고는 다양하다. 어처구니가 없을 때도 있지만, 아직 순수하다. 가끔 어른들이 받아들이기 힘든 상황이 있기도 하다. 멍도 때린다. 의욕도 꿈도 없어 보이기도 하지만, 자세히 살펴보면 본인이 원하는 방향으로 나아가고 있다.

어릴 때는 무한한 가능성을 가지고 있다고 말한다. 그러나 2차 성징을 거치면서 아이들은 변한다. 사춘기다. 공부도 생활습관도 변한다. 반항과 말대답은 기본이다. 엄마만 찾던 그 아이는 이제 없다. 아이들의 독립이 시작되었다.

나만의 길을 찾는 아이들

2차 성징에는 개인차가 있다. 사춘기가 시작되는 시기와 속도도 다 다르다. 남과 같지 않다고 비교하기도 하고, 눈에 띄지 않는다고 속상해 하기도 한다. 아이들은 사춘기가 되어 새로운 아이언맨 슈트를 받았다. 처음 입은 옷이 어색할 수밖에 없다. 성장을 하며 아이들은 나만의 옷을 만들어갈 것이다.

학교에선 안 배웠고, 인터넷은 못 믿겠고

매년 학교성교육표준안에 의거해 학교의 모든 교과에서 성교육을 가르치고 있다. 아이들이 학교에 와서 인사하는 것, 올바르게 옷을 입는 것 모두 성교육이다. 그런데 아이들은 학교에서 성교육을 배우지 않았다고 말한다. 성교육은 단순히 지식전달 교육이 아니다. 삶을 어떻게 살아가야 하는지에 대한 가치관 교육이다.

이런 성 가치관 교육은 가정에서 학교로 이어지고 있다. 일반적인 성교육을 받다 보니, 막상 내 몸에 닥치는 변화가 생기면 당황하게 된다.

아이들은 손쉽게 정보를 얻고자 인터넷 검색을 한다. 그러나 가짜뉴스가 판을 치는 세상, 어디까지 믿어야 하는지에 대한 결정도 쉽지 않다.

가정, 학교, 사회가 함께하는 성교육

학교에서 일반적인 성교육을 하고 있다고 하지만, 사실 성교육은 일상 속에서 이루어진다. 아이가 태어나고 성장하면서 가정에서 성교육이 시작되어야 하는 이유이기도 하다. 일상생활 속에서 성교육이 이루어진다면, 아이들은 성을 특별한 그 무언가가 아닌 자연스러운 일상으로 받아들일 수 있다.

아이 키우기가 점점 어렵다고 한다. 내가 자랄 때와는 환경도 많이 변했다. 요즘 아이들도 힘들긴 마찬가지이다. 학교에서의 경쟁은 더 심해졌다. SNS를 보면서 박탈감을 느끼는 것은 아이들만이 아니다. 부모들도 힘들다. 공부해야 할 것은 점점 늘어난다. 스펙을 쌓아야 하는 것도 마찬가지다.

성교육은 어렵다. 사춘기 아이들의 성교육은 특히 그렇다. 태어나서 처음으로 겪는 내 몸의 격동기다. 물론 태어나서 영아기의 성장발달이 가장 크다. 하지만, 우리는 영아기 시절을 기억하진 못한다. 그러나 사춘기에는 자고 나면 몸이 변하니 아이들의 호기심도 커진다. 호기심이 있을 때 바로 교육을 시작해야 한다. 가정, 학교, 사회가 함께하는 교육이 필요하다.

목 차

4장
10대가 궁금해하는 19금 질문들

1 장

성교육, 사춘기에 중요한 이유

1

성교육을 향한 첫걸음, 왜 사춘기인가?

사춘기는 성교육의 적기,
성과 관련한 새로운 경험이 성교육의 시작이다.

프랑스의 철학자 루소(Jean Jacques Rousseau)는 "청소년기는 제2의 탄생이다."라고 말했다. 청소년기는 신체적 성장뿐 아니라 정신적으로 자아정체성을 확립하는 시기이다. 인간이 태어나 가족의 보살핌을 받다가 학교생활을 시작하고, 사회적 관계를 만들기 시작하는 때이기도 하다. 사춘기는 2차 성징의 시기이자 청소년기의 초기 단계이다. 사춘기에는 신체 성장에 따라 성적 기능이 활발해지고 생식 기능이 완성되는 시기라고 할 수 있다. 루소가 말했듯이 청소년기, 즉 사춘기는 가치관을 재정립하고 자아발견을 하는 제2의 탄생의 시기이다.

연우는 대학 입학을 앞두고 있다. 어느 날 고향 친구이기도 한 연우 엄마가 친구들 모임이 있다며 만나자고 했다. 그리고 그 후 오랜만에 만나는 친구들과 서로의 안부를 물으며 즐거운 시간을 가졌다.

모임 중 연우 엄마가 고민이 있다고 말을 꺼냈다. 외동딸이 대학에 입학하게 되어 즐거운 마음도 잠깐, 기숙사에 들어가야 하나, 아니면 셰어하우스나 오피스텔이라도 얻어주어야 하나는 고민이라고 한다. 그러나 잠시 머뭇거리던 친구는 "사실 집이나 기숙사가 문제가 아니야, 우리 부부가 아이를 처음 독립시키는 건데, 본인도 그렇고 나도 그렇고, 요즘 세상이 좀 흉흉해야지 말이야. 성교육을 어떻게 시켜야 할지 모르겠어."라고 말했다.

그러자 딸 둘을 키우는 다른 친구 하나도 이 대화에 공감한다며 자기 이야기를 시작했다.

"나 늦게 결혼해서 딸만 둘이잖아, 승연이도 그렇고 특히 둘째 지혜는 이제 초등학생인데, 가끔 학교에서 배웠다고 수업시간에 배운 성교육 이야기를 하더라고. 마침 우리 집 근처 유치원에서 방송에 나올 정도로 사건도 있었고, 애들을 어떻게 교육을 해야 할지 모르겠어. 승연이한테 물어보면 중학교에서 방송 수업을 한 게 다라고 말하는데…."

이런저런 이야기를 하며 친구들과의 모임을 정리하였다. 사실 학생들은 학교에서 국가 수준의 학교 성교육 표준안을 통하여 매년 15시간 이상의 성교육을 받고 있다. 하지만, 대다수의 학생은 성교육을 받은 적이 없다고 말한다. 이유가 무엇일까?

아이가 초등학교에 들어가면 더하기, 빼기, 곱하기, 나누기 등의 연산을 배운 후 중학교에 가면 함수와 통계부터, 고등학교 미적분까지 수학 시간에 배우는 것은 내용이 명확하다. 그러나 성교육은 다양한 과목에서 전반적인 교육이 이루어지고 있다.

중학교 과정을 살펴보자. 중학교 1학년 기술·가정 교과서를 펼쳐보면, 청소년의 이해라는 대단원이 있다. 아이들은 기술·가정시간에 청소년의 신체적 발달, 청소년의 정신적 발달, 청소년의 성적 발달, 소중한 나의 성, 건강한 친구 관계 등을 배우게 된다. 도덕 시간에는 참된 우정, 성의 도덕적 의미, 성과 사랑, 청소년기 바람직한 성 윤리 및 이성 친구와의 바람직한 관계에 대해 배운다. 중학교 3학년 과학 교과서에는 생식과 세포 발생, 수정, 정자와 난자가 만나면, 유전 등의 내용이 있고 모두 성교육의 내용 중 하나이다. 중학교에서는 체육 시간에도 성교육 수업이 이루어진다. 청소년기의 변화와 바람직한 성문화, 자기 존중감 높이기 등의 단원이 성교육에 포함이 된다. 결국 성교육은 어느 한 과목이 아닌

교육과정 내 모든 수업시간에서 이루어지고 있다. 그러나 막상 학생들은 성교육을 들은 적이 없다고 말하고 있다. 앞에 나온 연우 역시 마찬가지이다. 엄마 아빠의 걱정도 이해가 되고, 본인도 친구들과 팀을 짜서 아우성 교육이라도 들어야 하는지 고민이라고 한다는 것이다. 요즘 초등학생 5~6학년 사이에서는 그런 것이 유행이라고도 하면서 말이다.

또 다른 친구가 "사실 요 몇 년 사이 생리대 파동이 있었잖아, 기억하지? 나랑 딸 둘 다 생리통도 심한 데다가 우리 애가 생리컵을 쓰고 싶다고 난리야. 나도 안 써본건데 사주기도 그렇고 고민이 많네."하고 고민을 털어놓았다. "아유, 나도 탐폰까지는 써봤는데 생리컵은 좀 그렇더라고." 하는 친구도 있었다.

간만에 모인 친구 모임은 아이가 이제 방문을 잠그느니, 털이 어디로 났다느니, 혹은 다른 애는 가슴이 안 나왔는데 우리 애는 조숙증인 것 같다는 등 서로의 고민을 이야기했다. 특히 승연, 지혜를 키우는 친구는 엄마도 키가 작은데 작은 딸이 생리를 너무 일찍 시작해서 키가 안 컸다며, 왜 언니랑 다르냐며 엄마를 원망하는 말을 한다고 했다.

청소년기가 되면 성장에 따라 성호르몬이 분비된다. 성호르몬의 작용에 따라 남성처럼, 여성처럼 느껴지는 신체 특징이 나타나는데 이를 2차 성징이라고 한다. 그러나 모든 아이가 동시에 2차 성징이 나타나지는 않는다. 개인 차이가 있는 것이다. 2차 성징으로 인한 신체 성장은 유전, 영양, 건강상태 등에 따라 달라지기도 한다. 따라서 다른 친구들과 성장의 속도가 다르다고 해서 속상해할 필요는 전혀 없다.

나 역시도 초등학교 4학년 때부터 급성장을 했다. 현재 나의 키는 165cm이다. 이는 초등학교 6학년 때의 키다. 키가 작은 친구들은 날 부러워했지만, 막상 나는 전혀 그렇지 않았다. 내가 다니던 초등학교는 키가 크면 새 학기에 농구부원으로 차출되던 학교였다. 초등학생치고 키만 쑥 클 뿐 운동신경이 전혀 없던 나로서는 3월이 너무나 부담스러웠다. 그렇다고 2차 성징이 빨리 온 것도 아니었다. 나의 2차 성징은 중학교 3학년 때 시작되었다.

이렇듯 2차 성징에 따라서 성장의 속도는 개인마다 다르다. 나는 단지 키만 컸을 뿐이지만, 연우 엄마는 우리 중 가장 먼저 브래지어를 착용했고, 지혜 엄마는 우리 중 가장 먼저 생리를 시작했다. 신은 공평하다. 아이가 태어나서 가장 급성장기인 영아기를 거치고, 두 번째로 급성장을 하는 시기는 사춘기이다. 속도도 방향도 다르지만, 사춘기에 모든 아이는 성장하는 것이다.

유치원을 거치고 초등학교에 들어서면서 아이들은 2차 성징을 시작한다. 흔히 말하는 사춘기 시기, 2차 성징에 따라 속도는 다르지만 아이들은 각자의 성장을 시작한다. 자신의 몸이 하루가 다르게 변하니 성에 대한 관심이 생기는 시기이기도 하다. 다르게 말하면 성과 관련한 모든 새로운 일을 접하고 시작하는 시기이다. 친구를 사귀고 또래문화 속에서 음란물을 접할 수도 있고, 연애감정이 생길 수도 있다. 친구들과 만나며 다양한 성 경험과 건전한 성 가치관을 만드는 시기이기도 하다.

이성 친구와 만나기, 친구와 다른 나의 성장 속도, 성관계, 스킨십, 성적 표현물, 자위 등 모든 것이 다 궁금한 것이 사춘기이기도 하다. 그러면서 가장 중요한 성 가치관을 만들고 있는 중이다. 따라서 성교육을 늦어도 사춘기에는 시작해야만 한다. 사춘기 이후에 성교육을 하기보다는 성과 관련한 새로운 일들을 경험할 때 배움이 필요하다. 교육의 적기는 호기심이 생길 때라는 것은 누구나 동의하고 있다. 아이가 질문을 하고, 성적인 관심이 있을 때 차곡차곡 긍정적인 교육과 경험을 쌓아야 하는 것이다.

2

사춘기, 아이가 달라지기 시작했다

**사춘기는 새로운 슈트를 받은 아이언맨,
적응이 필요해**

지소는 3자매의 첫째이다. 〈토이스토리〉와 〈모아나〉를 좋아하던 사랑스러운 초등학생이다. 나 또한 애니메이션이 나오는 대로 즐겨 보는지라 서로 대화를 많이 하게 되었다. 이 친구는 6학년답지 않게 철이 들어, 학교 내에서도 둘째 지아와 막내를 잘 챙기는 모습이 예쁘다. 나는 가끔 지소와 새로 나온 애니메이션, 그 등장인물의 어떤 점이 좋은지에 대하여 이야기했다.

어느 날, 지소의 담임 선생님과 점심시간에 우연히 합석을 하게 되었다. 선생님은 "요즘 지소 보셨어요?"라고 물었다. 사실 난 요즘 지소를 만난 적이 없었다. 왜 그러냐고 묻자, 지소가 요즘 사춘기인지 그 사랑스럽던 아이가 어디로 사라진 건지 다중이가 되었다고 말한다. 학교에 등교하면 핸드폰을 내야 하는데, 공폰을 가져와서 내고 몰래 스마트폰을 사용하다 걸린 것도 부지기수라고 한다. 담임 선생님은 욕은 기본이고, 점점 아침마다 전쟁이 심해진다고 고개를 절레절레 흔들며, 지소를 만나면 잘 토닥거려 달라고 부탁을 하고 점심시간을 마쳤다.

그로부터 며칠 후, 지소가 찾아왔다. 이런저런 이야기를 하다가 지소가 내게 한마디를 한다. "선생님, 비비크림이 화장의 끝이 아니에요."

사실 너무나도 큰 충격이었다. 나름 아침마다 최선을 다해서 화장을 하고 출근한 건데 아이의 눈에 내가 화장도 덜 하고 나타난 것처럼 보였나 보다. 난 "지소야, 선생님 최선을 다하고 온 건데." 내 표정이 너무 어두웠나 보다. 지소는 당황하며, 아니라고, 그런 의미가 아니라고 이 말 저 말을 하기 시작한다.

"아니요. 그런 의미가 아니라고요." 거울을 내게 내민다.
"선생님은 얼굴이 너무 창백하잖아요. 비비크림을 바르고 치크를 하셔야죠." 하며 내 뺨을 가리킨다. "그리고 쿨톤이잖아요. 립컬러를 잘못 바르셨어요."

"쿨톤? 쿨톤이 뭐야?" 내가 물었다. 지소는 한숨을 푹 내쉬며 가방에서 팔레트를 꺼냈다. "헐 이렇게 큰 게 가방에 들어가? 뭐가 이렇게 많아?" 내가 물었다. 지소는 밝은 색의 립스틱을 내게 권했다. 발라보니 내가 바른 것보다 얼굴이 생기가 있어 보였다. "와~ 나 엄청 산뜻해 보인다." 내가 감탄하자 지소가 면봉으로 내 립스틱을 찍어 볼에 문질러 준다. 이게 요즘 애들의 치크를 바르는 방법이라고 한다. 그날 지소와 나는 서로 화장에 대해 이야기도 하고 선생님과 부모님도 다 지소의 학교생활에 대하여 걱정하고 있다는 이야기를 나누었다.

사춘기가 시작되면 피아제의 인지발달이론에 따라 형식적 조작기에 해당하는 논리적인 사고가 가능해진다. 학생마다 개인차는 있지만, 아동으로서의 생각에서 벗어나는 것이다. 애니메이션과 동화를 좋아하던 아이가 권선징악의 이야기가 시들해지고, 해피엔딩이 뻔하다는 이야기를 하기 시작한다. 이런 동화 같은 이야기가 말이 안 된다고 생각하며 행동하게 되는데, 부모님이나 선생님 입장에서는 한편으로는 대견스럽지만, 한편으로는 아이가 삐뚤어지지 않을까 걱정하는 것도 사실이다.

하영이는 언니와 남동생이 있는 중학교 1학년 학생이다. 할머니, 어머니와 함께 살고 있다. 요즘 아이 같지 않게 순수하고 순박한 친구였는데, 2학기가 되며 하영이가 변했다는 이야기가 들려왔다.

문제를 일으켜서 경찰에서 연락이 오고 학생부에 살다시피 하는 언니와 달리, 엄마의 집안일을 돕고 동생을 챙기던 아이였다. 변했다는 이야기를 들은 후 하영이의 모습은 이랬다. 3단으로 염색한 머리와 너무 진하게 화장해서 촌스러움이 보이는 화장한 얼굴, 짧은 교복 치마와 꽉 끼는 교복 상의를 입고, 책가방도 없이 학교를 등교한 것이다.

"하영아, 오랜만이네. 잘 지냈어?"라고 물었다. 하영이는 가만히 내 얼굴을 쳐다보더니 작게 "네." 하고 대답했다. 나는 차 마실까 하며 음료를 권했다. 음료수를 마시며 하영이는 "왜 제게 아무것도 안 물으세요?" 한다. 나는 "음, 담임 선생님은 네가 뭘 물어도 '몰라요'라고 하거나 혹은 고개만 숙인 채 아무 말도 안 한다고 내게 보내셨는데, 난 할 말이 없네. 하영이는 혹시 할 말이 있어?"라고 말했다. 결국 하영이는 아무 말도 하지 않았다.

음료수를 다 마시고 고개를 숙이고 있는 하영이를 바라보았다. 얼마 전 지소에게 화장을 지적당한 터라 나도 잘하는 편은 아니지만, 하영이를 불렀다. "하영아, 얼마 전 초등부 6학년이 내게 화장 지적질했다. 나 엄청 열심히 화장하고 다니는데, 나보고 비비크림이 화장의 끝이 아니라고 했어."그랬더니 하영이의 눈이 동그랗게 커진다. 하영이는 요즘 애들이 장난이 아니라면서 고개를 절레절레 흔든다. 그런 것은 직접 지적하면 안 되는 거라며 개인의 취향을 존중해야 한다고 하며 본인의 화장이 어떠냐고 물었다. 난 "솔직하게 말해도 돼?" 하며 '사실 내가 오랫동안 고등학교 근무하다 왔는데, 중학생이랑 화장의 차이는 자연스러움인 것 같다. 눈썹도 숯검정을 칠한 것 같지 않게 고등학생들은 한 올 한 올 자연스럽게 잘 그리는데, 하영이는 얼굴에 비해 너무 눈썹이 진하고 얼굴이랑 목 색깔이 너무 달라 보인다'고 했다. 물론 "상처받으라고 하는 말은 아냐. 너도 자꾸 하다 보면 늘 거야. 근데 초등학생에게 지적당하는 내가 할 말은 아니네."하며 입맛을 다셨다. 하영이는 하하 웃으며, 자기도 안다고 "샘도 너무 속상해하지 마세요. 요즘 애들은 그런 이야기는 대놓고 안 하는데 그 아이가 선생님 좋아하나 봐요." 하며 교실로 올라갔다.

사춘기, 아이들의 변화는 외모에서 먼저 나타난다. 청소년의 외모에 대한 관심과 고민도 존중해야 한다. 아이들은 자신의 키, 몸매, 얼굴, 심지어 얼굴 사이즈에 대해 고민이 많다. TV에 나오는 아이돌에 열광하기도 한다.

정신과 의사인 대학선배는 학교에 근무하는 내게 이렇게 말한 적이 있다. "사춘기 아이들은 새로운 슈트를 받은 아이언맨이야. 그들이 새 옷에 적응할 때까지 기다려줘야지." 나는 이 말에 동의한다. 2차 성징이라는 새로운 몸에 대한 적응이 일어나는 시기가 사춘기이다. 그러나 성장의 시기가 언제나 어긋나는 것만은 아니다. 성장은 이전에는 하지 못했던 것을 이루어내는 기쁨을 주기도 한다. 키가 작았던 아이가 성장기를 맞이하여 농구를 하는 즐거움을 알게 되기도 하고, 대학생 언니의 옷을 몰래 입던 아이가 당당히 옷을 고르기도 하다.

이렇듯 자신의 몸에 대해 적응하는 시기가 사춘기이다. 몸이 변하니 아이가 변하는 것은 당연하다. 프로이트가 말한 신체자아(Body Ego)에 대한 적응의 시기이다. 자신에 대한 호감, 자신감의 근원이기도 하다. 사춘기가 되어 아이가 변했다고 한다. 그러나 이 또한 성장하기 위한 몸부림일지니 받아들이자.

3

빨라진 사춘기, 모두가 당황하는 시기

**사춘기는 익숙한 것들과 이별의 시기,
아이들은 믿는 만큼 성장한다**

사춘기가 빨라졌다. 모두가 이 말에 동의할 것이다. 이제 학부모들 사이에는 '중2병'이라는 말보다 '초4병'이라는 단어가 더 자연스럽다. 사춘기가 빨라진 이유에 대해 여러 의견이 분분하다. 아이들의 발육이 좋아지며 2차 성징이 빨라졌고, 영양상태가 좋아지며 성호르몬의 분비가 빨라져 사춘기가 일찍 온다는 주장도 있다. 그중 가장 설득력이 있는 요인은 성 정보의 홍수이다. 과거와 달리 아이패드나 핸드폰으로 손쉽게 성 정보에 접근할 수 있다.

남매를 키운다. 한 배에서 나온 아이들이지만 성향이 완전히 다르다. 첫째인 아들은 느리고 고집도 없다. 친구들과의 관계 역시 원만하다. 특별히 모나지도 뾰족하지도 않은 아들의 사춘기는 격렬하지 않았다. 그러나 둘째인 딸아이는 달랐다.

9살, 초등학교 2학년인 딸이 방문을 잠그기 시작했다. 생각해보면, 아이에게 그 당시는 힘든 시기이기도 했다. 엄마의 직장을 따라 갑자기 해외로 이주하게 되었고, 친구들과도 인사를 할 시간도 없었다. 엄마는 엄마대로 일하고 아이들을 돌보기 바쁘게 살았다. 매일 저녁이면 가장 먼저 잠드는 나날이었다. 오빠와 달리, 학교에서든 학원에서든 돋보이는 것을 좋아했던 둘째는 언어의 장벽, 낯선 환경에 힘들어했다. '중2병'이 아니라 '초2병'을 치르고 있었다. 직장에 빼앗겨버린 엄마, 일하느라 한국에 남은 아빠, 낯선 환경이 아이의 방문을 잠그게 만들었다. 게다가 한 달에 한 번 비행기로 날아온 아빠는 아이들에게 언제나 엄마 말을 잘 들으라는 이야기만 하고 있었다.

윽박지르기도 하고 설득하기도 하던 우리의 아슬아슬한 동거는 반년이 지나며 조금씩 풀리게 되었다. 동기는 딸의 사고였다. 체육시간을 좋아하던 딸은 그날도 저녁에 집안에서 줄넘기 연습을 하고 있었다. 지금 생각해보면 자전거 타기처럼 점점 능숙해지는 운동인데, 9살 아이는 줄넘기가 잘되지 않았다. 1분에 줄넘기 50개를 도전하고 있었지만, 10개도 제대로 하지 못하고 있었다. 한참 연습을 하던 중 줄을 밟고 넘어진 딸은 엎어져서 일어나지 못했다. 잠시나마 무호흡이 왔고 코와 입에서 피가 흘렀다.

기본적인 중국어는 할 수 있었지만, 응급상황이라 통역을 고용하고 중국 병원에 갔다. CT를 찍어야 할 터인데 응급실에서 X선 촬영만 하고 저녁이라 내일 낮에 보자는 의사를 보니 애가 탔다. 바로 한국에 연락을 하고 다음 날 첫 비행기로 한국으로 들어왔다. 다행히 영구치가 나기 전이라 치과도 코뼈도 큰 이상은 없었지만, 일을 해야 하는 나는 다시 중국으로 돌아가야 했다. 그렇게 딸은 한국에서 이모와 외할머니의 보살핌을 받으며 보름을 지내게 되었다. 2주 동안, 예전에 살던 동네에서 친구들과 시간도 보내고, 외할머니의 사랑도 충분히 받은 딸은 중국으로 다시 돌아와 조금은 더 부드러워졌다.

사춘기는 익숙한 것들과의 이별의 시기이다. 더 이상 아가도 아니고, 어리다고 당연시 여겼던 응석과도 이별을 해야 한다. 이는 부모도 마찬가지이다. 부모라는 큰 울타리를 떠나며 2차 성징이라는 길에 함께 갈 이는 친구와 인터넷이다. 이를 바라보는 부모가 지나치게 불안해하는 것도 낙관적인 것도 바람직하지는 않다. 문을 잠근 딸에게 '노크'를 하는 액션도 필요하다. 아이와 신뢰로 교감하는 방법을 찾는 것 역시 중요하다.

한때 사춘기를 말하는 '중2병'이라는 말이 유행이었다. 오죽하면 북한이 중2가 무서워서 안 내려온다는 이야기까지 있었다. 그런데 이제는 '중2병'도 아닌 '초4병'이라고 학년이 많이 내려왔다. 요즘 청소년기의 아이들은 부모세대와는 많이 다르다. 당당한 표현을 하도록 교육받은 아이들은 싫은 것은 싫다고, 아닌 것은 아니라고 말한다. 부모에게 무조건 복종하는 아이들은 없다.

희나는 늦둥이다. 엄마 아빠가 늦게 결혼을 하였고, 생각지도 않은 시기에 낳게 된 귀한 딸이다. 그런데 요즘 희나 엄마는 고민이 많다. 사랑스럽고 애교가 많은 딸이 5학년이 되며 변했다는 것이다. 예전에는 학교를 다녀오면 엄마를 안아주는 사랑스러운 아이였는데, 이제는 "다녀왔어?"라고 물을 때 "응."이라고 대답이라도 하면 다행이라는 것이다. 무슨 문제가 있냐고 물으면 "몰라." 하고 문은 쾅 닫고 들어간다고 한다. 희나 엄마와 아빠는 본인들이 무슨 잘못을 했나 되돌아봤다고 한다. 이야기를 하자고 하면 "할 말 없어, 왜! 싫어."를 입에 달고 산다고 한다. 가족모임에 가서도 스마트폰만 들여다보고 조금만 이야기를 해도 "알아서 할게." 하며 방문은 쾅 닫는단다.

희나 엄마는 방에 꿀단지라도 숨겨놓은 것인지 궁금하다고 한다. 막상 아이가 학교를 가고 나서 방을 들어가 보면 발 디딜 틈 없이 더러운 것에

화가 나지만. 좋아하는 아이돌 콘서트 티켓도 예매해주고 옷도 사주고 비위를 맞췄다고. 그러나 이제는 점점 지쳐간다고 했다.

아직 초등학생이라 엇나갈까 봐 걱정이 되어 아이를 통제하려고 하는 경향이 있는 것은 사실이다. 그러나 사춘기의 가장 큰 특성 중 하나는 '독립성'이다. 혼자 하고 싶고, 부모가 아닌 또래 친구를 원한다. 이것을 통제하려 한다면 "왜?" 하고 반응할 수 있다. 그러나 질문에 대한 답변을 스스로 고민할 동안 기다려줄 수 있다면 아이들은 우리가 원하는 방향으로 자랄 수 있다.

학교에 출근해서 고등학교 2학년인 병호와 이야기를 하게 되었다. 병호는 초4병을 중2처럼 자기가 세상의 중심인 것처럼 허세를 부리는 것이라고 정의를 내려줬다. "저도 중2병을 앓았는데요, 그거 별거 없어요. 근데 그때는 정말 심각했거든요."라며 이 또한 다 지나간다고, 어릴 때 치는 사고는 수습도 쉽다고 웃는다.

현장에서 만나는 아이들과 부모님의 이야기를 들어보면 사춘기가 빨라진 것은 사실이다. 아이가 변했으니 부모도 추세에 맞게 변해야 한다. 지금은 위계질서가 통하지 않고 과거처럼 효를 강조해서는 아무것도 이루어지지 않는다. 가훈과 원칙보다는 부모의 리더십이 더 중요하다.

사춘기는 누구나 겪는 통과의례이다. 비록 엄마 아빠의 눈에는 반항으로 보일지도 모르겠지만 간섭하지 말고 아이를 믿어라. 도움을 요청할 때 도움을 주면 된다. 일상을 나누는 것도 중요하다. 뉴스를 같이 보거나 드라마를 보며 이야기를 하자. 대화도 습관이다.

중2병이 아닌 초4병이라는 단어가 많이 회자되고 있다. 왜 사춘기가 빨라지고 있을까? 과거보다 아이들의 성장이 빨라지며 2차 성징이 발현하는 시기도 앞당겨지고 이에 따라 사춘기 역시 빨라졌다. 인터넷 등 미디어의 노출 역시 많아졌다. 중학교 2학년까지는 한참 남았다고 생각하던 아이와 부모 모두 당황한 것도 사실이다. 그러나 믿고 기다리자. 아이들은 속도는 다르지만 올바른 방향으로, 본인만의 속도로 잘 성장하고 있으니.

4

사춘기, 엇나가는 아이, 성장하는 아이

**사춘기, 차곡차곡 교육과 긍정적인
경험을 통해 홀로서기를 준비하는 시기**

아이도 '성'이 있을까? 어른들의 성의식은 예전과 다르지 않다. 사실 예전보다 아이의 성적 발달이 빨라졌고 접하고 있는 성 관련 정보도 아주 많은데 말이다. 그래서 어른들은 아이들의 '성'을 이해하거나 인정하지 않는다. 아이들이 성과 관련한 문제를 일으키지 않는다면, 어른들도 성교육에 관심을 갖지 않는다.

자녀를 키워본 사람은 알겠지만 성에 대한 아이들의 질문은 거침이 없다. 질문을 받는 어른들은 성적 질문에 가치판단을 하지만, 사실 우리 아이들은 그냥 궁금할 뿐이다. 성에 대하여 아이들과 이야기하는 게 불편하다고 생각하거나 그냥 쉬쉬한다면 아이들 역시 다른 방법으로 자신들의 '성'에 대하여 접하게 된다.

영주는 고등학교 1학년 학생이다. 병훈이는 영주가 너무 좋다고 한다. 남자친구가 세 번째인 영주에 비해 병훈이는 영주가 처음 사귀는 여친이라고 한다. 1학년 5반 수업을 마치고 나오는 길이었다. 영주가 따라 나온다. "선생님, 7반도 이번 주에 수업하셔요?"라고 영주가 물었다. "아니, 뒷반은 2학기 수업이야."라고 하니 영주가 우물쭈물한다. 왜 그러냐고 물으니 지금 남친인 병훈이가 성교육 수업을 좀 들었으면 좋겠다고 말한다.

사실 '학교성교육표준안'에 의거해 성교육은 모든 과목에서 실시하고 있다. 과학, 사회, 기술가정, 체육 등의 과목에서도 성교육 수업은 이루어지고 있다. 고등학교 보건수업의 성교육의 핵심은 '성적 자기결정권과 이성교제'이다. 청소년의 성적 자기결정권이란 청소년이 단지 어리다는 이유로 성행위에 충동적, 무비판적으로 성행동을 할 것이라고 일반화하지 않고 청소년의 개별적 특성과 욕구, 환경 등을 고려하여 성적 자기결정권을 인정해야 한다는 내용이다. 아울러 이성교제 시 예절도 필요하다. 사전적으로는 개인이 사회적 관행이나 타인에 의해 강요받거나 지배받지 않으며 자신의 의지나 판단에 따라 자율적이고 책임 있게 자신의 성적 행동을 결정하고 선택할 권리이다.

그러나 이런 성적 자기결정권에도 타인의 자유와 권리는 해치지 말아야 한다. 또한 자기 자신의 인격 역시 존중해야 한다. 무엇보다도 책임 있는 태도가 가장 중요하다. 성적 자기결정권은 방종과는 다르다. 그래서 고등학교에서의 수업은 단순히 난자와 정자와의 만남이 아닌 가치관 수업이 이루어지고 있다.

성적 자기결정권이 있는 10대의 섹스는 너무 이른가? 단순하게 10대라서, 어려서, 청소년이라서 안 된다는 말은 아니다. 아직 2차 성징이 끝나지 않은 청소년의 자궁경부세포는 성장이 끝나지 않았다. 성장하고 있는 시기, 정확하게는 세포가 변화하고 있는 시기의 성적 자극은 상피세포가 이형세포로 변할 가능성이 있고, 감염위험 또한 존재한다.

『명심보감』에서는 청소년기의 중요성에 대하여 이렇게 논하였다. "일생의 계획은 어릴 때 달렸고, 1년의 계획은 봄에 달렸으며 하루의 계획은 새벽에 달려 있다. 어릴 때 배우지 않으면 늙어서 아는 것이 없고, 봄에 농사 짓지 않으면 가을에 기대할 곡식이 없다." 사춘기, 모든 아이가 엇나가지는 않는다. 그럼에도 불구하고 천천히 자신의 속도대로 성장하는 아이가 있다.

내가 만난 승환이는 키가 190cm이다. 실내화가 맞는 것이 없어 혼자

삼선슬리퍼를 당당하게 신고 다닌다. 동아리 회장이기도 한 승환이는 누구나 칭찬하는 모범생이기도 하다. 그런 승환이도 "중학교 때 가장 듣기 싫은 말이 몸집은 그렇게 큰데 하는 짓이 왜 그러느냐?"는 이야기였다고 한다. 자기가 크고 싶어서 큰 것도 아니고, 키가 너무 크는 것도 스트레스였다고 한다. 고3 입시가 끝난 지금은 아니라는 걸 알지만, 중학교 때는 심리적으로 미숙하고 우유부단한 것을 구박하는 말로 생각했다고 한다. 그러나 지금은 누구보다도 긍정적인 아이이다. 이것은 승환이 동생 승미도 마찬가지였다.

남매가 둘 다 긍정적이고 활달한 것이 부모님의 영향일 거라고 막연히 생각했는데, 우연히 두 남매의 엄마를 만나게 되었다. 사실 승환이 엄마에게는 힘든 날이었다. 학교 안전훈련에서 심폐소생술 시연을 하기로 한 점심시간, 농구를 하다 승환이 코뼈가 부러지게 된 것이다. 일주일간의 맹연습은 빛을 못 봤고, 우리 동아리가 활동을 주도해야 하는데 회장과 지도교사 모두가 빠지게 된 것이다. CT를 찍기 위하여 인근 대도시로 가야 하는 상황이라 중간에 엄마와 합류하게 되었는데 첫 마디가 '시연을 못해서 속상하겠구나. 같이 농구한 친구는 괜찮니? 선생님도 너무 놀라셨죠?'였다. 대부분의 부모는 아이가 다치면 속상해한다. 정상이다. 그래서 누군가에게 원망을 하고, 싫은 소리도 하게 된다.

사춘기 자녀를 키우며, 그리고 청소년기 학생들이 해야 할 임무가 있다.

남의 아픔에 눈감지 않는 마음, 손해를 보더라도 지켜야 할 원칙, 감사할 줄 아는 가치관이 그것이다. 학생들은 규칙적인 생활도 해야 한다. 부모만 가족관계 증진을 위해 노력하는 것이 아니라 자녀도 사랑받기 위해 노력해야 한다. 그리고 바른 말투와 행동은 모든 것의 기본이기도 하다.

누구나 사춘기에 엇나가는 것은 아니다. 아이가 올바르게 성장하고 변화하기 위하여 모두가 노력해야 한다.

승환이가 자신의 큰 키를 받아들인 것처럼, 자기의 몸을 받아들여야 자신감이 생긴다. 청소년기에 긍정적인 자아상을 갖게 해야 하는 중요한 이유이다. 우리는 모두 청개구리 심보를 갖고 있다. 하지 말라고 하면 더 하고 싶은 것이 인간의 심리이다. 아이들도 마찬가지이다. 금지만 한다면 아이들과 부모의 관계는 멀어질 수밖에 없다. 아이의 마음을 알아주고 작은 이야기에 귀를 기울이자. 아이의 행동보다는 왜 이렇게 행동할 수밖에 없는지 그 메시지를 읽는 것이 더 중요하다. 금지가 과잉과 집착을 만들고 이해가 자기조절을 만드는 것이다.

부모 교육을 들으며 부모 생각과 다른 부분이 있어도 긍정적인 추임새를 잊지 않는다고 배웠다. '그래, 그랬구나.' '저런. 엄마는 몰랐네.' '그렇구나. 힘들었겠다.' 이런 말들은 아이가 방어하지 않고 있는 그대로 자신을 드러낼 수 있게 한다. 그날 만난 승환이 엄마는 정확히 이런 말들로 아이와 대화를 하며 속상한 마음을 표현하게 했다.

사춘기는 홀로서기를 준비하는 과정이다. 인간은 누구나 사춘기를 거친다. 이 시기가 중요한 이유는 어른이 되는 것을 준비하기 때문이다. 사춘기 시기, 누구나 크든 작든 혼란의 시기를 거친다. 누군가는 엇나가고, 누군가는 이 시기를 통하여 성장한다. 어른이 된다는 것은 책임을 질 수 있는 사람이 된다는 뜻이다. 책임질 줄 아는 어른으로 성장하기 위해서는 어려서부터 교육과 긍정적인 경험이 중요하다. 따라서 비록 아이가 부족하고 모자라더라도 기다려주고 조언하며 동기부여하는 것이 중요하다.

5

사춘기는 언제 어떻게 오는가?

사춘기, 다중이가 되는가,
용사가 되는가

사춘기가 없는 아이가 있을까? 정도의 차이는 있지만 누구나 질풍노도의 시기를 보낸다. 비록 요즘의 사춘기는 부모세대와 다르지만 그 시작은 별반 다르지 않다. 2차 성징이 시작되고 감정에 충실하다. 사춘기 아이가 무서운 이유가 여기 있다. 모든 것이 귀찮고 만사가 싫고, 흥미도 관심도 없다. 물론 꿈도 없다.

사춘기는 반항기, 자아 인식기, 제2의 탄생기라고도 부른다. 청소년기를 어떻게 보내느냐에 따라 어른이 되어서의 모습은 아주 다르다.

성훈이는 사춘기다. 왜냐고? 귀에 이어폰을 꽂고 부모의 말은 전혀 들지 않는다. 항상 불평불만이 있고 집에 가면 방문부터 잠근다. 학교에서의 성훈이의 모습도 별반 다르지 않다. 밤새 게임을 하며 밤을 샜는지 학교에 오면 책상에 엎드리기 바쁘다. 담임 선생님과의 상담시간에도 눈을 전혀 마주치지 않는다. 담임 선생님은 차라리 성훈이가 점심시간에 친구들과 축구라도 하면 좋겠다고 말한다. 그러나 무엇이 불만인지 성훈이는 전혀 입을 열지 않는다. 학교에서 전화를 받은 부모님도 말을 꺼내기가 어렵다. 이런 모습은 어느 집이나 겪는 사춘기 자녀의 일상과 비슷할 것이다.

유치원과 초등학교에서의 성교육은 일종의 '경계교육'이다. 성교육적 관점에서 이런 행동은 성장의 정상 과정으로 본다. 어릴 때는 부모의 시각으로 세상을 본다. 그러나 성장과 성숙을 거치며 스스로 바라보는 방법을 찾는 것이다. 그래서 엄마 아빠와의 당연한 공간인 거실에서 방으로 들어와 문을 닫고 자신을 분리하며 경계를 넓혀가고 있는 것이다. 일종의 심리적 독립기라고 볼 수 있다.

사춘기는 양면성이 있다. 본인도 본인의 마음을 모른다. 친구들과 놀고 싶기도 하고, 엄마와 잘 지내고 싶기도 하지만 순간 짜증을 내고 있는 자신을 발견한다. 이론적으로 설명하자면 뇌하수체에서 나오는 성선 자극 호르몬이 작용해서 남성 호르몬 또는 여성 호르몬의 활동이 활발해져 내부의 에너지가 폭발 직전의 화산처럼 끓어오르는 것이다. 이렇게 성기와 성 기능의 급속한 발달로 본능적인 충동을 강하게 느끼며 성에 눈뜨기 시작하는 시기가 사춘기라고 할 수 있다.

몸의 변화, 2차 성징은 알아보기 쉽다. 그러나 마음의 성숙과정은 알아차리기 힘들다. 영화 〈인사이드 아웃〉을 떠올려보자. 이사 후 새로운 환경에 적응해야 하는 '라일리'가 있다. '기쁨', '슬픔', '버럭', '까칠', '소심'의 감정들을 기억하는가?

우리는 모두 기본 감정을 가지고 있다. 그러나 사춘기가 되면 이런 기본 감정들이 뒤섞여 새로운 감정이 되는 것을 경험하기도 한다. 청소년기에 많은 감정을 느끼는 것은 자연스럽다. 그러나 이러한 감정들을 잘 표현하는 것은 사실 어렵다. 세련되게 표현하기 위해서 많은 경험과 연습이 필요하다.

사춘기는 반항기가 아니라 성장하는 시기이기도 하다. 혹은 그 성장을 적응해가는 시기이다. 부모와 가족이 아이가 다양한 감정을 느끼고 올바로 표현하도록 기다려주는 것 역시 중요하다. 그러나 청소년 스스로 느끼는 감정을 알아차리는 것이 가장 중요하다. 감정을 건강하게 통제하려면 먼저 자신의 마음을 알아야 한다.

감정을 알아챘다면 그 느낌을 해소하거나 표현하는 건강한 방법을 알아보자. 누군가는 바다를 보면서 다른 누군가는 미술 전시를 보면서 좋은 경험을 할 것이다. 혹은 친구들과 PC방에 가거나 축구를 하면서 스트레스를 해소하기도 한다. 일상에서 경험으로 배우는 감정의 표현교육이 가장 좋다.

소윤이는 대학교 1학년이다. 아니 원래대로라면 대학교 3학년이 맞다. 소윤이는 적성에 맞지 않는다며 대학교 1학년 2학기에 학교를 자퇴했다. 휴학이라도 하라는 엄마의 애원은 나 몰라라 한 것이다. 소윤이 엄마는 "중학교 때 사춘기가 온다더니 우리 아이는 1024인가 봐." 하며 고개를 젓는다. 10살에 시작해서 24세에 끝나는 사춘기, 더 빨라지고 더 길어졌다.

2차 성징이 오며 신체는 더욱 빨리 성장했지만 정신을 그렇지 않은 경우가 많다고 한다. 그래서 대학입학 후에 정신적 사춘기를 겪는 학생이 늘어나고 있다. 소윤이도 그렇다. 소윤이는 어릴 때부터 첼로를 했다. 엄마 아빠가 번갈아서 라이드를 하며 대회를 다녔고, 입시를 치르고 경기도권 대학을 들어갔다. 초등학교 때까지 전국대회를 휩쓸던 소윤이는 초등학교 고학년이 되면서부터 엄마와 싸우는 일이 잦아졌다. 결국 고등학교 때는 원하는 학교에 입학했지만 품행을 이유로 기숙사에서 퇴소당하기도 했다. 그리고 진학한 대학은 소윤이와 너무나도 맞지 않았다. 춤추고 노래하는 것을 좋아하는 아이지만, 부모님의 기대, 비싼 악기와 레슨에 모두 큰 압박감을 느꼈다.

결국 연습생이 되겠다고 집을 뛰쳐나가고 다시 들어오던 소윤이는 다시 시험을 봐서 대학을 갔고 본인은 아주 만족하면서 학교를 다니고 있다. 지켜보는 우리는 좋아하는 것을 알아차린 소윤이가 대견스럽고, 저지를 수 있는 용기가 대단하다고 생각했다. 한숨과 걱정은 부모의 몫이다.

사춘기가 더 빨라지고 길어진 이유가 있다. 요즘 아이들은 유치원, 어린이집에서부터 학습 일정이 빡빡하다. 놀이시간이 줄어들고 음식의 열량은 높아졌다. 비만으로 인해 성호르몬이 비정상적으로 분비되어 성조숙증이 오기도 한다. 아이패드와 스마트폰으로 성 관련 정보에 일찍 노출되게 한다. 입시로 인한 스트레스, 부모의 지나친 관심과 보호도 비정상적인 사춘기의 원인이다.

청소년기 발달과업 중 하나는 독립심이다. 지나친 보호와 관심은 자아정체성을 찾을 수 있는 기회를 빼앗고, 사춘기가 길어지는 원인이 되기도 한다. 2차 성징을 통하여 신체는 성장하지만 심리적으로 성인처럼 행동해야 한다는 압박감도 있다. 그중 학업스트레스는 가장 큰 문제로 지적되기도 한다.

상황조절력이 미약한 청소년기는 정신적인 불균형을 이루게 되어 생활은 모순을 이룬다. 이런 현상을 안나 프로이트(Anna Freud)는 이렇게 표현하기도 했다.

"사춘기의 소년 소녀들은 자신이 이 세상의 중심이요, 흥미의 대상인 양 지나치게 자기중심적인가 하면, 동시에 인생 그 어느 시기에도 힘든 자기희생을 보이는가 하면, 열렬한 사랑을 하다가 느닷없이 그 사랑을 중단해버리기도 한다. 집단생활에 정열적으로 참여하지만 고독에 대해 한없는 향수를 가지기도 한다. 자신이 선택한 지도자나 윗사람에게 무조건 복종하는가 하면, 심한 반발을 하기도 한다. 이상주의자가 되기도 하고 이기적인 물질주의자가 되기도 한다. 금욕적이기도 하고 동시에 가장 원시적인 본능적 욕구 충족에 빠지기도 한다. 낙천적이기도 하고 비관적이기도 하며, 피로를 모르는 것처럼 열심히 일을 하다가도 곧잘 게으름에 빠지기도 한다."

사춘기 이러한 정신적 양면성을 이해하고 인정해야 한다. 청소년들은 이러한 격동기를 거쳐 자아정체성을 찾아가게 된다. 어른들이 결심을 하고 가자. '사춘기 없는 아이는 없다.' 성장과 성숙을 거치며 아이는 다중이가 되기도, 용사가 되기도 한다. 사실 중2병은 없다. 아이들은 약간 허세가 있지만 그건 아이들 사이에서 무시당하지 않기 위해서라고 말한다. 무엇보다도 중요한 것은 이해와 소통이다. 아이를 이해하려는 태도가 있어야 설명이 가능하다. 그래야 설명을 하고 대화를 하는 소통이 따라오게 된다. 소통을 하면 다시 이해하게 된다. 그것이 중요하다.

6

생각보다 충격적인 청소년 성관계의 현실들

사춘기의 가치관 교육은
가정, 학교, 사회가 함께

매년 봄 전국 표본학교를 대상으로 '청소년건강행태조사'를 하고 있다. 그 결과를 보면 청소년의 성관계 경험률이 해마다 증가하고 있다. 중고등학생 대상으로 한 조사결과에 따르면 성관계 시작연령은 13세 전후이다. 이 자료는 질병관리본부 홈페이지에 해마다 공개하고 있다.

친한 유치원 선생님을 만났다. 1년 만의 만남이라 정말 반가웠다. 이런 저런 이야기를 하던 중 본인이 근무하는 학교의 이야기를 한다. 초등학교 안에 있는 병설 유치원에 근무하고 있는데, 그 초등학교의 6학년 여학생이 성매매로 적발되었다는 것이다. 조용한 시골동네라 마을이 완전히 뒤집어졌다는데, 정작 아이는 아무런 생각이 없는 것 같다고 안타까웠다고 한다. 이럴 때는 순진무구한 유치원생이 너무 예쁘다며 헤어졌다.

　나도 그런 아이를 만났다. 지연이는 중학교 1학년이다. 또래에 비해 키도 크고 성장도 빠른 아이이다. 리더십도 있고 말도 재미있게 해서 인기도 많다. 지연이는 초등학교 5학년 때부터 성매매를 했다고 한다. 엄마 아빠가 안 계시는 것도 아니다. 너무나도 헌신적인 부모님과 생활하고 있다. 처음에는 그냥 교회오빠가 좋아서 잤다고 했다. 너무 당당히 죄의식도 없이 이야기하는 아이를 보며 세대 차이를 느꼈다. 지연이의 일을 알게 된 것은 성매매가 경찰에 적발되어 학교로 통보가 왔기 때문이었다. 우리 학교에서 학교폭력 가해자로 지목되어 다른 학교로 전학을 가는 사이에 벌어진 일이다. 본인이 나서서 한 일이라고 하더라도 만 13세 이하의 아동을 대상으로 한 성범죄는 아동청소년특별법에 의해 처벌의 대상이다.

　예전에는 가출청소년들 사이에서 성관계나 성매매가 이루어졌다. 그러나 이제는 마치 학원을 가듯이 일상에서 이루어지고 있다. 무엇이 변한 걸까? 심지어 뉴스에서 청소년을 대상으로 한 성범죄를 보는 일은 너무 흔해졌다. 어느 한 지역만의 문제가 아니다. 전국적으로 일어나는 현상이다. 아이들의 성은 너무나도 쉽게 사고 쉽게 팔린다. 가출청소년을 대상으로 성폭력과 성매매가 이루어지던 것에 비해 자발적인 성관계와 성매매가 늘어나고 있는 현실을 현장에서 몸으로 느끼고 있다. 고등학교에서 사귀면 바로 자러 간다는 이야기가 농담으로 들리지 않기도 한다.

청소년시기 발생하는 성 문제를 다룰 때는 청소년기에 대한 이해가 필요하다. 청소년기는 신체적인 변화와 더불어 내면이 성장하는 시기이다. 또한 본인의 성역할에 대한 탐색과 더불어 상대방의 성에 대해서도 수용하고 탐색하는 시기이다. 아이의 성적 행동이나 사고에 대하여 '자연스러운 성장과정'이라거나 '사춘기라서 그럴 거야.'라고 넘어가는 경우가 있다. 이는 문제회피이다. 성과 관련된 사건이 일어났다면 반드시 전문가의 도움을 받아야 한다. 문제가 일어난 이유를 살펴보고, 아이를 들여다봐야 한다. 이 사건을 어떻게 이해하고 있으며 인지하고 있는지도 확인해야 한다. 아이의 성 가치관이 왜곡되어 있거나 타인에게 피해를 줄 우려가 있다면 적극적으로 대처하는 것도 어른의 책임이다. 나중에 되돌리기에는 늦다.

태연이는 수호와 사귄다고 한다. 복도 끝에서, 도서관 구석에서 꽁냥꽁냥거리기 바쁘다. 태연이가 오랫동안 수호를 좋아했다고 한다. 수호가 워낙 인싸인지라 많은 고민을 했다고 들었다. 청소시간, 책을 반납하러 온 태연이를 우연히 마주쳤다. 태연이는 '페메'로 수호에게 고백했다고 했다. 사서선생님과 나는 '페메'로 고백하는게 트렌드냐고 물었다. '페메'로 사귀자고 말한다는 것을 이해하지 못하는 우리에게 태연이는 당연하다는 듯이 말했다. "선생님, 요즘 직접 얼굴보고 고백하면 옛날 사람이에요." 물론 처음엔 '페메'가 페이스북 메신저라는 것조차 못 알아들었다.

태연이는 요즘은 '인스타DM'이나 '페메'로 소통한다고 했다. 사귈 때는 당연하고, 친구들과도 그렇다고 한다. 카톡은 물론 기본이다. 한때 'ASK'도 유행이라 했지만, 너무 저속한 질문이 많아 본인은 안 한단다. 그래도 자기는 수영이처럼 랜덤채팅앱은 하지 않는다고, 수영이가 요즘 위태위태하다고 학생부와 내게 귀띔을 해준다.

사실 수영이는 가출상태이다. 동생 하영이에게 물어보니 언니가 전화만 가끔 하고 집에는 안 들어온다고 한다. 집에는 아픈 할아버지와 할머니, 동생 하영이와 후영이가 있다. 그런데 학교는 꼬박꼬박 나오고 있다. 비록 점심시간에만 나타나기는 하지만. 이런 출석 뒤에는 학교에 나올 때까지 전화를 돌리는 담임 선생님의 노력이 있다. 물론 담임 선생님 전화나 학교 전화는 안 받는다. 그런 수영이가 특별교육을 다녀왔다. 표정도 안 좋고 기분도 나빠 보인다. 학생부에서 들리는 이야기로는 성매매로 경찰에 적발되었다고 한다. 이번 포주는 같은 나이인 중학교 3학년 학생이라고 한다. 이름이 낯익어 물어보니 2학년 때 폭력사건으로 다른 학교로 전학을 간 학생이라 했다. 얼마 전에 고교생 포주도 놀랐는데, 이제는 중학생 포주까지 등장한다. 청소년 포주의 등장이다. 예전엔 가출팸에서만 있었던 사건이라고 느꼈는데, 이제는 일상이다.

청소년의 성매매는 심각하다. 과거 '가출 청소년들의 전유물'이라는 인식이 있었던 청소년 성매매는 이제 사회 전반적인 문제로 확대되고 있다. 심지어 스마트폰만 있으면 된다. 어플로 모든 것이 이루어진다. 성인들의 성매매는 유흥업소에서 포주에 의해 이루어지지만 청소년의 경우는 조금 다르다. 온라인, 채팅, 앱, 심지어 청소년 포주에 의해 진입장벽이 낮아지고 있다.

청소년의 2차 성징은 대체로 인정하고 있는 분위기다. 그러나 청소년의 정서적, 심리적 발달은 아직 미숙하다고 보는 경향이 강하다. 이러한 사회적인 시선은 청소년이 성에 대한 왜곡된 사고를 가지게 하는 원인이 되기도 한다. 청소년은 성장과정에서 자연스럽게 성에 대한 호기심과 관심을 가지게 된다. 매일 본인의 몸이 변하니 당연한 현상이다. 성에 대한 아이들과 생각과 고민, 생각을 인정하자. 무조건 이르다고 비난하지는 말자. 아이들이 성을 어떻게 받아들이고 이해하고 있는지 파악하는 것이 중요하다. 성 문제는 덮는다고 해결되지 않는다. 지금 해결해야 한다. 지금 해결하지 않고 회피한 성 문제는 나중에 더 큰 문제로 나타나는 경우가 많다.

성교육은 가치관 교육이기도 하다. 올바른 성 가치관을 심어주는 것 역시 어른의 몫이다. 해마다 학교에서는 학생 대상 성폭력, 성매매 예방 교육을 하고 있다. 그러나 단 1시간만의 교육으로는 아이들에게 올바른 가치관을 심어줄 수도, 바른 방향을 안내해줄 수도 없다. 따라서 성교육 은 가정에서 적어도 사춘기 시기에 이루어져야 한다.

7

10대가 꼭 알아야 할 내 몸 사용설명서

사춘기도
설명서가 필요해

핸드폰을 새로 샀다. 쓰는 것은 전화, 문자, 카카오톡밖에 없다. 그런데 새로운 기기를 이용하니 설명서를 읽어봐도 무슨 소린지 통 모르겠다. 나와 같은 기종을 쓰고 있는 사람을 만났다. 글로 읽을 땐 모르겠더니 말로 설명하니 좀 이해가 된다. 사춘기 아이들은 신체의 변화와 마음의 변화를 처음 겪고 있다. 아이들도 설명서가 필요하지 않을까?

다음은 마이클 로이젠 외 2인이 쓴 『10대의 비밀, 비밀의 10대』 중 일부이다.

"10대라고 해서 모두 호르몬이 미친 듯이 날뛰는 것은 아닙니다. 마치 롤러코스터를 탄 것처럼 감정의 기복이 심한 사람도 있지만, 대부분은 별다른 문제를 느끼지 않고 잘 지냅니다. 거울처럼 잔잔한 감정에서 폭풍우 치는 바다처럼 거친 감정에 이르기까지 양극단의 감정 모두 지극히 정상입니다. 급격한 감정의 변화를 겪는 것도 마찬가지로 정상이죠. 하지만 청소년기에 나타나기 시작하는 특정한 기분이나 변화 중에는 걱정스러운 부분도 있습니다."

인태는 중학교 3학년 학생이다. 위로 대학생 누나가 있다. 사실 인태는 심장이 안 좋다. 병원을 다니며 관리하기는 하지만 본인이 환자라는 생각은 하지 않는다. 긴장하고 새로운 환경에서는 힘들지만, 오랜 진료 끝에 무리하지 않고 일상생활을 하는 방법을 알게 되었다. 사실 심장의 문제를 제외하면 인태는 건강한 편이다. 운동도 곧잘 하고 식습관과 운동습관도 아주 좋다. 심장 문제는 핸드폰에 있는 앱과 샤오미 밴드를 착용하며 조절하고 있다. 환절기에도 철저한 건강관리로 감기 한번 걸리지 않는다. 여드름에 손을 대서 흉터가 조금 신경이 쓰이기는 하지만 피부과에서 관리를 하고 있는 중이다. 무엇보다도 인태는 정신건강이 아주 좋은 친구이다. 항상 긍정적이고 남을 배려할 줄 안다. 그래서 인태 곁에는 언제나 친구들이 많고, 학교생활을 아주 만족스럽게 하고 있다.

건강한 몸을 유지하기 위하여 여러 가지 노력이 필요하다. 건강한 피부를 유지하는 것, 건강하게 체중을 조절하기, 운동을 하거나 외모를 가

꾸는 것 또한 포함된다. 이는 여성으로서의, 남성으로서의 몸을 알고 적응하는 것 역시 마찬가지이다. 그러나 이런 것들은 비단 몸뿐만이 아니다. 학습능력과 기억력을 높이는 뇌에 대한 이해, 수면과 스트레스, 감정 변화도 들여다봐야 한다.

10대의 몸과 마음은 특별하다. 독립을 추구하지만 불완전한 시기로 때로는 부모에 의존적이기도 하다. 아직 뇌 발달이 끝나지 않아 이성적인 판단을 내리기에는 이르다는 의견이 지배적이다. 게다가 성호르몬의 변화로 감정은 충동적인 행동을 부추기기도 한다. 청소년 스스로 당황스러울 만큼 급격하게 몸이 변해가고 있다. 아직 적응은 하지 못했다. 그리고 주변에 유혹은 점점 많아진다. 아무 생각 없이 있다 보면 유혹에 휘둘리게 된다.

사춘기는 나를 발견하는 여행을 시작하는 시기이다. 전두엽이 발달하면서 '나는 누구인가', '나는 어떤 사람인가'라는 추상적인 사고가 가능해진다. 전두엽이 발달하며 종합적인 사고와 정신 활동이 이루어지며 도덕성이 발달하게 된다. 이 시기에는 자신의 가치관, 올바른 인격 형성, 삶의 방향 등과 같은 관념을 정립해 나가는 시기이기도 하다. 아이들은 부모와 자신을 분리하기도 한다. 엄마는 엄마, 나는 나인 것이다. 자아정체성을 가지며 부모와의 관계를 재정립해가는 것이다.

가은이는 요즘 부모님과 사이가 좋지 않다. 주말에 부모님이 가족여행을 계획했지만, 가은이는 친구들과의 만남이 우선이다. 가은이도 나름대로의 이유가 있다. 이미 중간고사가 끝나면 놀자고 약속한 것이 먼저라 친구들과 약속에 나갔다. 그러나 부모님은 너무 서운하다고 하신다. 가은이는 친구를 인정해주지 않는 부모님이 너무 답답하다고 한다. 게다가 엄마는 내 친구 단희를 너무 싫어한다고 한다. 가은이가 보기엔 긍정적이고 좋은 친구인데, 엄마 아빠는 단희가 초등학교 때 놀았던 친구라고 싫어만 하신단다.

엄마도 가은이에게 서운하다고 한다. 초등학교 때까지는 친구보다 엄마가 먼저인 아이였는데 중학생이 되며 부모는 뒷전인거 같아 슬프다고 한다. 가은이가 죽고 못 사는 단희만 해도 그렇다. 애가 착한 것은 알겠지만, 이모와 할머니가 키운다는 이야기가 맘에 걸린다. 사실 가은이도 이해되고, 가은이 부모님의 마음도 어느 정도 공감되는 부분이 있다.

학교 친구들을 만나는 경우가 있다. 주로 고등학교, 대학교 친구들이다. 물론 초등학교, 중학교 친구들을 만나는 일도 있지만, 고등학교 친구들보다는 만남의 횟수가 적다. 정신과 의사의 강의에서 이런 이야기를 들었다. 남자들은 초등학교 친구, 여자들은 고등학교 친구를 만난단다. 이유가 뭘까? 초등학교 이후 인간관계를 처음 하는 시기가 중학교 시기,

좀 빠른 아이들은 초등학교 4학년 때부터이다. 이 시기의 친구를 사귀는 것, 또래 문화에 들어가는 것은 우리 아이들에게 아주 중요하다.

모두가 그런 것은 아니지만 또래 관계를 잘 형성하지 못한 아이들은, 남학생의 경우 주로 인터넷 게임의 세계로 빠지고 여학생의 경우 아이돌에 빠지는 경우가 아주 많다. 아이들은 친구와 부모에게서 받지 못하는 공허감을 다른 집착으로 채우기도 한다. 미국의 정신과 의사인 설리번(Sullivan)은 사춘기 초기의 단짝관계가 중요하다고 말했다. 사춘기 시기 아주 친밀한 동성의 또래 집단이 아주 중요하며, 이는 청소년의 발달과 성숙에 많은 영향을 끼친다고 한다. 아이들 입장에서 생각해보자. 우정이라도 없다면 사춘기를 어떻게 버틸 수 있을까?

학교에서는 많은 아이들과 만나게 된다. 어떤 아이들은 만나는 모든 이에게 행복한 에너지를 주기도 한다. 이런 아이들은 우리를 행복하고 기쁘게 만든다. 긍정적인 학생들이다. 이 친구들은 존재만으로도 주변을 행복하게 만든다. 가은이 엄마의 걱정과는 다르게 단희는 이런 아이이다. 긍정적인 단희는 건강한 인간관계를 맺고 있다. 중학생답지 않게 공감력도 뛰어나고 다른 친구의 입장을 먼저 생각한다. 항상 완벽하지는 않고 물론 실수도 한다. 그러나 자기의 실수를 인정하고 사과도 곧잘 한다. 이러니 가은이가 단희를 좋아하는 것이다.

10대, 신체의 변화와 더불어 정신적인 변화도 휘몰아치는 시기이다. 항상 나 자신을 들여다보자. 나를 알아야 올바르게 대처할 수 있다. 그리고 긍정적인 인간관계를 만들 수 있는 노력도 필요하다. 어떻게 하면 긍정적인 친구들을 만날 수 있을까? 내가 먼저 건강한 인간관계를 만들 수 있는 긍정적인 사람이 되어야 한다. 누군가의 비위를 맞추는 관계는 독이 된다. 나를 행복하게 만드는 사람이 아닌, 함께하면 행복해지는 사람과 친구가 되는 것이 좋다. 때로는 나를 돌아보는 것도 필요하다. 내가 친구에게 상처를 주고 있는지를 알아야 한다. 내 몸을 알고, 내 감정을 들여다보자. 함께할 때 즐겁지 않다면 그 관계는 해로운 관계이다. 부모의 입장에서도 마찬가지이다. '이런 친구와 놀지 마!'가 아니라 '이런 행동을 하지 마!'라고 해야 하지 않을까?

8

성교육의 골든타임을 잡아라

사춘기는
성교육의 골든타임

성교육을 언제 시작해야 할까? 가정교육이 중요하다고 말하고, 태어나면서부터 성교육을 해야 한다고 말한다. 늦어도 사춘기에는 성교육이 필수다. 성교육은 역사수업처럼 '자, 오늘은 삼국시대에 대하여 이야기해볼까?' 하는 교육이 아니다. 아이가 자라서 샤워를 하거나 유치원을 가기 위하여 옷을 입을 때, 모든 순간이 성교육이다. 성교육은 일상 속에서 이루어진다.

영우는 초등학교 5학년이다. 엄마와 여동생과 살고 있다. 아빠는 지방에서 일을 하는 중으로 한 달에 한 번 집에 오신다고 한다. 영우 엄마의 고민은 영우가 사춘기가 시작되는 시기에 아빠가 부재한다는 것이다. 엄마랑만 너무 오래 살아서 아이가 여성화되지 않을지 그것이 가장 큰 고민인 것이다. 딸은 엄마와 목욕탕도 다니고, 맛난 것도 사 먹으며 재잘재잘 이야기를 잘하는 편이다. 그러나 영우는 교실에서도 집에서도 과묵한 편이다.

과일을 사러 가다가 아파트 입구에서 영우와 우연히 마주쳤다. 또래와 몰려다니는 아이들과 달리 영우는 주로 혼자 다닌다. 지금 수영장에 간다고 한다. 말수가 적을 뿐이지 영우의 인사성은 바르다. 나와 눈이 마주치자 꾸벅 고개를 숙이며 눈인사를 한다. "영우야, 오랜만이네. 수영장 간다고? 와! 키 정말 많이 컸다." 하자 하하, 웃는다. 오랜만에 만나는 영우의 코밑이 거뭇거뭇하다. 그러고 보니 어깨도 넓어진 것 같다. 봄에 산 옷이 가을에 짧다고 한 영우엄마의 말이 떠올랐다. 성장이 늦은 아들을 키우는 나로서는 키도 크고 부쩍 남성다움이 느껴지는 영우가 부러웠다.

매년 성조숙증으로 병원치료를 받는 아이들이 늘고 있다. 영양이 좋아지고 신체활동이 적어지니 당연한 결과이다. 초등학교 1학년 때 아들의 짝꿍은 8살에 가슴이 나오고 초경을 시작해서 병원치료를 받고 있다고 들었다. 성조숙증이란 여자아이는 만 8세 전, 남자아이는 만 9세 전, 2차 성징이 평균보다 빨리 나타나는 경우를 말한다. 대개 남학생보다 여아가 많다. 조기 음모가 나거나 아들의 짝꿍처럼 가슴이 일찍 발달하는 경우도 있다. 요즘은 초경을 초등학교 1학년 때 시작했다는 이야기도 많이 들린다. 남자아이의 경우 고환과 음경이 일찍 발달하는 경우가 있다. 이 모두 보호자의 관심과 조기 치료가 중요하다.

영우의 고민은 음모였다. 남자아이들은 학교에서 화장실을 사용할 때 슬쩍 고개를 드는 경우가 많다고 한다. 영우 엄마에게 전해들은 바로는 다른 친구들은 음모가 나지 않았는데, 자기만 4학년 때부터 털이 나서 혼자 고민했다고 한다. 물론 영우의 아빠와 엄마도 나름 노력은 했다. 영우 아빠는 매달 함께 목욕탕을 다니며 이런저런 이야기를 했는데, 키가 크는 것을 제외하곤 2차 성징이 보이지 않아 '우리 아들 아직 아가구나.' 생각을 했다고 한다. 어떻게 된 일일까?

음모와 액모가 나타나는 것은 남성호르몬인 테스토스테론의 역할이다. 대표적인 2차 성징의 특징이기도 하다. 대개 정상적인 2차 성징 시기에 성기와 겨드랑이 주변에 털이 난다. 영우는 초등학교 4학년 초부터 성기에 털이 나기 시작했다고 한다. 처음엔 본인도 잘 몰랐다고 한다. 아직 겨드랑이 털은 안 났는데 성기에만 털이 나니 혼자 고민이 많았다고 한다. 나중에 들으니 영우네는 유전적으로 겨드랑이 털은 안 난다고 한다. 아빠도 겨드랑이에는 털이 없다. 혼자 고민하던 영우의 해결책은 하나였다. 고민만 하고 걱정하던 4학년 시기를 지나 5학년이 되는 겨울방학에 혼자 털을 자르기 시작했다. 그러니 아빠랑 목욕탕을 다녀도 전혀 알아챌 수가 없었다.

사실 영우는 성조숙증은 아니다. 2차 성징이 아이들에 따라서 속도가 다르기 때문에 나타난 현상이다. 아이들이 사춘기에 2차 성징이 오기 전 충분한 설명이 필요한 이유이기도 하다. 본인의 신체 변화로 인하여 남과 다른 상황에 아이들은 스트레스를 느끼기도 한다. 친구와 다른 나의 몸 때문에 예민하고 이런 현상들이 문제라고 생각하기도 한다. 영우는 아빠랑 목욕을 다녔어도 아빠가 이야기를 하기 전에는 집안 식구들이 겨드랑이 털이 나지 않는 것을 전혀 인식하지 못했다. 다만 본인의 성기에 난 털에 집중했을 뿐이다.

성조숙증으로 인해 친구와 어울리지 못하거나 놀림거리가 되지 않을까 걱정을 하는 부모도 있다. 초등학교 1학년 아이가 월경을 시작한다면 어떻게 관리해야 할까? 일찍 초경을 하면 키가 크지 않는다는데 어쩌지, 하는 이야기도 들린다.

비단 영우만의 문제는 아니다. 어떤 아이는 어른들이 전혀 생각하지 못한 다른 문제 때문에 속앓이를 하고 있을 수도 있다. 중학교 3학년 때 월경을 시작했던 나와 달리, 딸은 초등학교 5학년 때 2차 성징을 시작했다. '키가 안 크면 어떡하지?'가 딸아이의 가장 큰 고민이었다. 딸은 항상 나는 왜 엄마와 다르냐는 질문을 했다. 이때 부모의 역할이 중요하다. 부모의 경험, 다른 어른들의 경험을 이야기하며 성적인 발달은 누구나 겪는 자연스러운 현상이며, 그냥 남보다 조금 일찍 찾아온 것뿐이라는 것을 이야기해야 한다. 딸에게는 이모가 엄마보다 초경을 먼저 시작했고, 할머니도 이모의 키를 걱정했지만 2차 성징과 상관없이 키는 비슷하다는 이야기를 해주었다. 지난 경험이니 편하게 이야기할 수 있다. 그 옛날 지금처럼 병원도 많지 않고, 인터넷 정보라고는 없던 시절, 여동생보다 늦게 나타난 2차 성징은 할머니의 가장 큰 걱정거리였다. 부모나 선생님의 경험과 함께 전과 다른 몸에 대한 긍정적인 이미지를 심어준다면 아이들의 불안은 줄어들 수밖에 없다.

성교육에 절대적으로 해야 하는 시기는 없다. 사실 태어나면서 하는 모든 일상이 성교육이기 때문이다. 그러나 적어도 사춘기에는 성교육을 시작해야 한다는 명제에 이견이 있는 사람은 거의 없다. 그럼 언제가 적기일까?

사춘기가 되며 아이의 몸은 변하기 시작한다. 자신의 몸이 변하니 매일매일이 새롭고 성에 호기심을 갖는 것 또한 당연하다. 아이가 궁금해할 때, 이때가 교육의 적기이다. 성교육에는 절대적인 시기는 없다.

그러나 사춘기 때 건강한 성 가치관을 갖는 것은 중요하다. 사춘기 시기 인격이 형성된다. 건강한 성 가치관을 갖는 것은 사춘기의 과제이다. 건강한 성 가치관은 자아존중감과도 연관이 있다. 앞으로 살아가며 데이트를 하거나 이성 친구를 사귀거나 결혼을 하는 것 등 많은 영역에서 중요하다. 아이가 크면서 다양한 새로운 경험을 할 것이다. 친구와 연인이 될 수도 있고, 또래문화 속에서 음란물을 접할 수도 있을 것이다. 마냥 어리다고만 생각했던 아이는 자라면서 더 복잡하고 어려운 일들을 만날 수도 있다. 그러나 그때마다 부모나 선생님이 일일이 설명할 수는 없을 것이다. 문제가 발생하였을 때 스스로 고민하고 헤쳐나갈 수 있는 힘이 중요하다. 여기에 평등한 관점과 건강한 성 가치관이 함께한다면 이 사회를 이끌어 나갈 건강한 어른으로 성장할 수 있을 것이다. 이것이 사춘기가 성교육의 골든타임인 이유이다.

❶ 요즘 아이는 유튜브가 키운다는데, 성교육의 골든타임은?

뉴스 보기가 힘들어지고 있다. 날이 갈수록 사건 사고의 수위가 높아지고, 성범죄를 저지르는 청소년들이 많아지고 있는 것 또한 사실이다. 요즘 아이들을 유튜브가 키운다고 한다. 아이는 생각보다 빨리 자란다. 예전보다 제공되는 정보의 양도 어마하게 많아졌다. 그만큼 아이들이 영상을 접하는 나이도 빨라지고 있다. 나이가 빨라지면서 생각지도 않았던 성적인 표현, 성적 콘텐츠를 빨리 접하고 있다. 사회가 발달하면서 동영상을 일찍 접할수록 부모의 주의가 요구된다. 아이들이 이미 성적인 고정관념을 가지고 있다면 교정하는 것이 어렵다. 시기적절한 성교육이 필요하다. 아이가 보는 영상, 채널에 대한 관심이 요구된다.

엄마보다 아빠보다 더 스마트폰을 잘 다루는 우리 아이들, 어릴 때 본 성적표현물(음란물)이 평생을 간다. '유아기 아이가 알면 얼마나 알겠어'라는 건 이제 옛날 말이다. 어릴수록 충격적인 19금 영상은 평생에 영향을 준다.

사춘기가 되면 성호르몬이 나온다. 매일 내 몸이 변하니 아이들은 궁금할 수밖에 없다. 아이들이 온라인 검색 등을 통해서 비상식적인 답을 찾기 전에 성교육을 해야 하는 이유가 여기 있다. 천천히 가더라도 나만의 성장을 통해 앞으로 나아가는 청소년도 있지만, 어른들이 잘못 만들어 놓은 곳에서 헤매는 아이들도 있다. 아이가 야동에 빠져 있든, 성매매나 다른 무엇에 빠졌다고 하더라도 아직 희망은 있다. 어려서부터 가정이나 학교에서 성교육을 받은 학생들은 올바른 성 가치관을 가지고 있다.

올바른 성 가치관이 중요한 이유가 있다. 아이들이 자라면서 더 복잡하고 난감한 문제에 더 많이 노출될 것이다. 부모와 자녀, 교사와 학생이 성과 관련한 문제를 진지하게 대화해야 한다. 청소년 스스로 올바른 성 가치관을 가지고 있어야, 만약의 사태에 적절한 판단을 내릴 수 있다.

방송이나 병원에서 '골든타임(Golden time)'을 말한다. 사실 골든타임은 방송계에서 시청률이 가장 치솟는 시간대이며, 'prime time, peak time'이라고도 한다. 병원에서 골든타임은 환자의 생사를 결정짓는, 사고 발생 후 수술과 같은 치료가 이루어져야 하는 최소한의 시간이다. 병원이나 방송에서처럼 성교육에도 골든타임이 있다. 바로 사춘기다.

2 장

10대의
말과 행동에는
이유가 있다

1

학교에선 안 배웠고, 인터넷은 못 믿겠고!

사춘기,
클리닉수업이 있다면

누구나 성에 대해서 할 이야기는 많다. 옛날에는 성 문제가 없었을까? 그건 아닐 것이라고 생각한다. 사회가 복잡해지며 성과 관련한 문제는 점점 많아지고 있다. 뉴스를 틀어보자. 사건 사고가 끊이지 않는다. 미성년자를 대상으로 한 사건은 전국적으로 지역을 가리지도 않는다. 아나운서는 학교에서의 성교육의 문제점에 대하여 이야기한다. 인터뷰도 천편일률적이다. 학교에서 배우지 않았다는 것이다. 혹은 방송으로 진행되니 잘 모르겠다고 말한다. 어떤 친구는 그놈의 씨앗과 텃밭 이야기는 이제 안 들었으면 좋겠다고도 한다. 정말 아이들의 말처럼 학교에서의 성교육은 이루어지지 않고 있는 것일까?

상영이는 흡연예방 활동 중 만난 중학교 3학년 학생이다. 한 달 동안 아침마다 등굣길 금연캠페인을 같이하고 있었다. 마침 상영이가 사는 지역에서는 유치원에서 일어난 성 문제가 크게 이슈화되었다. 이제는 성 문제가 초등학교도 아닌 유치원까지 확대되었다고 연일 신문에서도 뉴스에서도 난리였다. 지역 맘 카페는 물론, TV에서도 사건을 앞 다투어 보도하는 중이었다. 한 달 동안의 캠페인 활동을 정리하며 상영이 친구들과 이야기를 하게 되었다. 금연캠페인으로 시작한 이야기는 갑자기 지역에서 일어난 사건으로 방향을 틀었다. 유치원에서 일어난 사건을 보며 상영이와 친구들은 말한다. "이게 다 성교육이 문제라니까요. 걔가 뭔 죄가 있겠어요. 맨날 방송으로만 하는데 우리 반은 TV 액정이 지직거려요. 무슨 소리를 하는지 잘 모르겠어요." 다른 아이가 말한다. "맞아요. 학교에서도 사건이 터지면 학생부에서 모아놓고 강사가 와서 이야기하는데 매년 같은 내용이에요." 아이들은 입을 모아 그놈의 난자와 정자의 만남은 이제 그만 듣고 싶다고 한다.

아이들의 시간표를 살펴보자. 수학이 3시간이나 들어있다. 초등학교 4학년 이후 수포자가 많아졌다고 한다. 중학교까지 잘 버티던 아이들은 함수가 나타나고 확률과 통계에서 한 번 좌절한다. 여기서 끝이 아니다. 고등학교를 가면 미적분이 기다리고 있다. 수학이 어렵다며 포기하는 학생들이 있지만 수학을 배워야 하는 이유가 있다. 문제를 해결하는 방법을 배우기 때문이다. 어떤 것이 중요한지 아닌지를 알게 한다. 이것이 수학시간의 존재 이유이다. 그리고 본인이 수학을 포기했을지언정 수학을 배운 적이 없다고 말하는 아이도 없다.

도덕 역시 마찬가지이다. 중학교 도덕시간에는 도덕적인 삶, 타인과의 관계, 사회공동체와의 관계를 배운다. 이 안에는 행복한 삶, 자아정체성, 우정, 성 윤리, 인간 존중 등 우리가 살아가는 데 필요한 모든 것을 포함하고 있다. 특히 도덕 수업은 단지 수업시간에만 적용되는 것은 아니다. 어른을 보면 인사를 하는 것, 시간을 잘 지키는 것, 쓰레기를 버리지 않고 남에게 피해를 주지 않는 등의 모든 기본 생활 습관이 포함되어 있다. 도덕 시간에 중요한 것은 올바른 가치관 정립이다. 따라서 학교에서뿐만 아니라 가정과 사회에서도 미래사회 인재를 키우기 위하여 노력해야 한다. 여러모로 도덕 수업은 성교육과 비슷하다. 아이를 키우며 도덕성을 키우는 것 역시 부모의 역할이다. 건강한 가치관을 가지게 지도하는 것도 어른의 몫이다.

성교육도 그렇다. 성교육은 학교 안에서 모든 시간에 이루어지고 있다. 아침에 담임 선생님과의 조회시간에서도 이루어진다. 복도에서 만나는 이성교제를 하고 있는 친구들을 향한 예절교육 또한 성교육이다. 때와 장소에 맞게 옷을 입는 것, 교복을 바르게 착용하는 것이 모두 성교육의 일종으로 이루어진다. 그래서 선생님들은 누가 누구와 사귀는지, 언제 헤어졌는지, 귀가시간이 너무 늦지 않는지도 확인할 수밖에 없다. 심지어 이성친구와 사귈 때도 마찬가지다. 만남도 예절이 있듯이 헤어짐에도 예절이 있다. 거절을 받아들이는 연습, 상대방의 동의를 구하는 것 모두 포함된다. 수업시간도 그렇다. 체육, 과학, 기술·가정, 역사, 도덕, 외국어 등 모든 영역에서 성교육을 한다. 그러나 아이들은 수학과 도덕과는 달리 학교에서는 성교육을 하지 않는다고 말하고 있다.

상영이와 친구들에게 "기술·가정 시간에 교과서 반 이상이 다 성교육 내용이 아니야?"라고 물었다. 아이들은 그건 그냥 진도를 나가는 것이라고 한다. 심지어 교과서의 절반 이상이 성과 관련된 내용이라는 것은 인지하고 있었다. 그럼 어디서 이런 정보를 얻느냐고 물으니 인터넷과 친구라고 한다. 중학생 정도 되면 학교 성교육과 SNS, 유튜브에서 성에 대한 정보를 많이 얻는 것이 사실이다. 인터넷에 질문 하나만 던져도 많은 대답과 영상이 올라온다. 그러나 이런 정보가 다 사실일까?

상영이에게 물었다. 상영이는 그래도 뉴스에 나오는 것은 사실이라고 생각한다고 했다. 다른 친구는 유튜브는 좋은 정보도 많지만, 주작도 많다고 한다. 주작이 뭐냐고 물으니 조회수를 올리기 위해서 말도 안 되는 것을 올리는 사람들이 많단다. 가짜뉴스가 판치는 세상이기는 하다.

사실 내가 관심 있는 분야는 응급처치 교육이다. 응급 구조사 자격도 있지만, 2007년부터 대한심폐소생협회 BLS Instructor로 활동하고 있기도 하다. 2017년 어느 날 아침 근무 중 전화가 왔다. 받아보니 예전에 함께 근무했던 선생님이었다. 그분은 학교에서 심폐소생술 교육을 방송으로 진행하는데, 내가 TV 영상에 등장한다는 것이다. 너무 반가워서 나 저 사람 안다고 했는데 반 학생들이 믿지 않는다고 아이들에게 이야기 좀 해달라고 하는 것이다. 스피커폰으로 학생들에게 인사를 했다. 그 선생님은 어깨를 으쓱하며 통화를 마무리했고, 나는 내가 등장한 영상이 어디서 난 건지 궁금했다. 찾아보니 유튜브였다. 젊을 때의 나를 보는 것도 좋긴 했다. 하지만 눈에 띄는 것이 있었다. 대한심폐소생협회는 5년마다 가이드라인을 바꾸는데 2017년 아침에 튼 영상은 2013년 제작된 것이었다. 이미 가이드라인은 2015년에 개정되어 2016년부터는 새로운 가이드라인으로 심폐소생술 교육을 실시하고 있었는데 말이다. 좋은 의도로 교육이 이루어졌겠지만 예전 가이드라인대로 수업을 한 상황이었다. 이런 사례는 내가 겪은 것만 있는 것은 아닐 것이다. 특히 성과 관련된 정보는 더욱 그러할 것이다. 아이들에게도 좋은 정보를 찾아내는 눈이 필요하다.

상영이와 친구들에게 물어보았다. 아이들도 생각보다 많은 시간에서 성교육을 하고 있는 사실을 알고는 있다. 상영이는 "제가 요즘 학원을 새로 다니는데요, 고등 입학 준비반은 그냥 수업 말고 클리닉 수업이 있어요. 학교 성교육에는 그런 게 부족한 게 아닐까요?"라고 했다.

처음 성교육을 시작한 곳은 시골 작은 도시의 중학교였다. 교실에는 다양한 아이가 있었다. 성(性)이 무엇인지 전혀 모르는 순진한 아이들부터 뒷줄에서 팔짱을 끼고 '어디 한번 해봐라' 하는 학생들까지 성교육은 유난히 그 수준이 다양하다. 모든 아이를 다 만족시키는 교육은 할 수 없다. 학원의 클리닉수업처럼 본인의 상황에 필요한 맞춤교육을 원하는 것이 요즘 학생들의 요구이다.

2

엄마 아빠는 몰라, 내 마음!

사춘기,
마음의 롤러코스터를 타다

청소년 발달에 관한 과학적인 연구는 20세기에 이루어졌다. 청소년 심리학의 아버지라 불리는 스탠리 홀(G. Stanley Hall)은 청소년기를 과학적으로 연구하여 청소년기(Adolescence)라는 책을 발간하기도 했다. 그는 청소년기를 질풍노도(Sturm und Drang)의 시기라고 말했다. 사춘기가 되면 몸이 변하고, 마음도 변한다. 작은 일에도 짜증이 나고 화가 난다. 이런 모든 변화는 성 호르몬의 활동의 결과이다.

유정이는 한참 사춘기를 보내고 있는 중이다. 누구와도 이야기하면 "아, 몰라. 짜증나."라는 말을 항상 달고 산다. 때론 입술을 삐죽거리기도 한다. 1학년 때 방실거리던 얼굴의 미간은 이제 자국이 생길 정도로 찡그리고 있다. 조금만 기분이 나쁘면 책상을 부술 듯이 책으로 내리치기도 한다. 그러나 모든 아이가 이런 것은 아니다.

유정이를 화가 나게 하는 것은 많다. 친구 신영이가 절친인 자기보다 전학 온 영서를 더 챙기는 것도 화가 난다. 할머니가 이번 주 용돈을 주말에 주겠다고 하신 것도 짜증이 난다. 담임 선생님의 아는 척도 그냥 기분이 나쁘다. 유정이는 왜 이러는 걸까? 사춘기 아이들은 많은 변화를 겪는다. 갑작스런 변화들을 받아들이는 과정에서 작은 일에도 짜증이 나고 예민하게 굴게 된다. 모두 성 호르몬의 영향이다.

사춘기가 되면 2차 성징이 시작되며 뇌도 변화를 시작한다. 이성적인 사고를 담당하는 전두엽이 리모델링을 시작하며 초등학생만도 못한 행동도 서슴지 않고 하게 되는 것이다. 막상 어른들의 생각은 다르다. 아이가 자랐으니 행동과 생각도 성숙해지리라 생각한다. 그러나 몸만 자란 아이들의 행동과 생각은 미숙하다. 게다가 감정기복도 심해진다. 감정을 조절하는 세로토닌의 분비가 성인보다 적어 롤러코스터를 타게 되는 것이다. 어른들이 보기에는 별일이 아닌데 울고불고 난리를 치며 짜증을 내게 된다. 유정이 할머니는 초등학생인 동생 수정이만도 못하다고 못마땅하게 생각하신다. 잔소리가 자동으로 나온다.

성장이 이루어지며 스스로 무엇인가를 결정하고 행동하고자 하는 마음도 생기기는 한다. 유정이에게 할머니의 대화는 잔소리로 느껴지고, 싫은 감정이 생긴다. 유정이의 짜증은 이렇게 늘어만 간다. 유정이 할머니로서는 억울할 뿐이다. 부모 대신 육아를 하는 할머니 입장으로서는 아이가 올바른 길로 가기를 바란다. 그러나 동생 수정이와 달리 유정이는 모든 것이 불만이다. 매일 같이 사는 가족끼리 큰 소리가 나니 할머니는 소화도 안 되고 힘들다고 하소연하신다. 처음에는 유정이와 많이 다투었다고 한다. 할머니의 이야기를 잔소리로 인식하는 유정이와의 대화는 방문을 '쾅' 닫고 들어가는 것으로 끝난다고 한다.

사실 유정이도 자기가 왜 이러는지 모르겠다고 한다. 친구 신영이와 화해도 하고 싶지만 혼자 있고 싶은 마음도 있다고 한다. 할머니와 잘 지내고 싶고, 선생님의 걱정을 사고 싶지 않지만 마음대로 되지 않는 중이다. 할머니에게 큰 소리를 내고 신영이와 싸운 것이 후회된다고 말한다. 무엇보다도 이런 자기의 마음을 마음대로 하지 못하는 이 상황이 너무 화가 난다고 한다. 유정이가 겪고 있는 마음의 변화는 자연스러운 현상이다. 사춘기 시기는 어른이 되기 위한 필수 과정이기도 하다. 유정이도 노력이 필요하다. 매일 보는 가족끼리, 친구끼리 화내고 싸운다면 너무 불편할 것이다. 유정이도 짜증을 내려는 마음을 인정하고 친구와 가족을 이해하려는 노력이 필요하다. 자기감정에 따른 행동을 조절하는 것 역시 어른이 되어가는 과정 중 하나이다.

안지영, 우지윤으로 이루어진 '볼 빨간 사춘기'라는 가수가 있다. 2017년 발표된 '나의 사춘기에게'라는 노래 가사를 같이 살펴보자.

나는 한때 내가 이 세상에 사라지길 바랐어
온 세상이 너무나 캄캄해 매일 밤을 울던 날
차라리 내가 사라지면 마음이 편할까
모두가 날 바라보는 시선이 너무나 두려워

아름답게 아름답던 그 시절을 난 아파서
사랑받을 수 없었던 내가 너무나 싫어서
엄마는 아빠는 다 나만 바라보는데
내 마음은 그런 게 아닌데 자꾸만 멀어만 가

어떡해 어떡해 어떡해 어떡해

시간이 약이라는 말이 내게 정말 맞더라고
하루가 지나면 지날수록 더 나아지더라고
근데 가끔은 너무 행복하면 또 아파올까 봐

내가 가진 이 행복들을 누군가가 가져갈까 봐

아름다운 아름답던 그 기억이 난 아파서
아픈 만큼 아파해도 사라지지를 않아서
친구들은 사람들은 다 나만 바라보는데
내 모습은 그런 게 아닌데 자꾸만 멀어만 가

(생략)

"나는 한때 내가 이 세상에 사라지길 바랐어." 첫 문장부터 가슴이 철렁 내려앉는다. "엄마는 아빠는 다 나만 바라보는데." 이 노래의 가사에서 알 수 있듯이 엄마 아빠는 다 나에게 기대를 가지고 바라보시지만 그게 오히려 부담이 된다고 한다. 지금 내가 바라는 건 그런 것들이 아니기에 부모님의 마음은 잘 알지만 반대로 점점 멀어져가는 소녀의 마음을 노래하는 가사이다. 그 마음을 본인도 어떻게 할 수가 없어서 '어떡해'를 반복하며 애만 태우고 있는 것이다.

사춘기 아이들은 돌출행동을 한다. 성 호르몬 때문에 나타난 결과이다. 그리고 자신의 행동에 매우 당황하고 있기도 하다. 아이 입장에서 생각해보자. 갑작스런 신체의 변화는 즐겁기보다는 불안을 유발한다. 불안하니 차분할 수 없고, 예민하게 된다. 신경질이 나고 짜증이 난다. 어른들만 이런 상황을 답답해하는 것이 아니다. 당사자인 사춘기 학생들이 가장 답답하게 느낀다.

3

자꾸만 작아지는 내 자신이 싫어요

사춘기,
나만 빼고 다 멋져

　사춘기 시기 소속감을 갖는 것과 자아존중감을 형성하는 것은 중요하다. 청소년기 특징을 보면 신체변화에 적응하고, 변화된 신체에 따라 새로운 신체상을 형성해나간다. 그래서 외모, 남에게 보이는 내 모습에 많은 관심을 가진다. 아이들은 친구와의 비교, SNS나 TV에서 보이는 연예인들에 열광하기도 하며 나만의 이상적인 외모를 만들기 원한다. 그래서 어느 연령대보다 외모 이야기를 많이 한다. 그러나 나를 바라보는 스스로의 시각을 잠깐 점검해보는 것도 필요하다.

　신희는 거울을 볼 때마다 화가 난다. 서구적으로 생긴 언니와 달리 신희는 쌍꺼풀이 없다. 매일 아침 쌍꺼풀액을 눈에 바른다. 초등학교 때부터 만들어온 쌍꺼풀이 너무 마음에 든다. 아침에 늦게 일어나 급하게 칠해서 눈이 짝짝이가 되는 것이 가장 싫다. 신희가 생각하기에 쌍꺼풀 수술만 하면 반장인 영주보다는 자기가 더 예쁠 것이라는 자신감이 있다. 아빠는 내가 제일 예쁘다고 하신다. 그런데 그건 집에서만 가능한 이야기다. 학교를 가면 자기보다 예쁜 아이들이 너무 많다. 심지어 날씬하기까지 하다. 나도 급식을 안 먹고 영주처럼 샐러드 도시락을 싸오고 싶은데, 엄마가 반대한다. 6학년 때부터 연습생이라고 한 영주처럼 되고 싶다. 영주 옆에 가면 자기가 오징어가 되는 것 같아 속상하다.

강현이는 여드름이 불만이다. 피부과도 다니고 세안도 시키는 대로 하는데 얼굴이 엉망이다. 아빠 얼굴을 보니 유전인 것 같아 심란하다. 엄마나 의사 선생님은 남과 비교하지 말라고 하는데 맘대로 되지 않는다. TV만 틀어도 얼굴이 매끈한 아이돌 투성인데 어떻게 비교가 안 되는지 이해가 되지 않을 뿐이다.

사춘기를 거치며 아이들은 자신만의 이상적인 외모(Ideal body shape)를 형성하게 된다. 자기가 상상하는 이상적인 외모와 자신의 실제 외모가 일치하지 않는다고 느낄 때, 자신의 외모에 불만족하게 되고 열등감이 생기면서 '외모콤플렉스'를 가지게 된다. 청소년이 성장하며 아동과 성인 사이에서 많은 변화를 겪는다. 이 과정을 거치며 '가정, 부모'보다는

'또래집단, 친구'로 관심이 옮겨진다.

    결국 청소년기 외모콤플렉스의 원인은 대중매체와 친구의 영향이라고 할 수 있다. 대중매체에서 연예인의 영향력은 아주 크다. 아이돌은 청소년기 아이들에게 이상적인 신체 이미지를 줄 뿐 아니라, 외모의 사회적 기준을 제공하기도 한다. 사춘기 아이들은 또래의 친구에게 신체에 대한 부정적인 평가가 많으면 신체만족도가 낮아진다고 한다. 친구가 미치는 영향이 커지기 때문이다.

    지영이와 채연이는 초등학교 때부터의 절친이다. 둘 다 희망에 따라 다른 고등학교에 진학하였지만 여전히 사이가 좋다. 지영이는 팔방미인의 대표적인 학생이다. 리더십도 있고 예쁘다. 성적도 좋고 운동도 잘한다. 교내 영화동아리 회장으로 작년에는 24초 영화제에서 상을 타기도 했다. 미술 대회에 나가기만 하면 상을 타온다. 미술을 전공하며 현재 예술고등학교에 다니고 있다. 많은 아이들이 지영이 엄마를 부러워한다. 다른 엄마들이 보기에 지영이는 스스로 할 일도 알아서 하고 여러모로 모범이 되는 아이이기 때문이다. 그러나 지영이 엄마의 사정은 다르다. 지영이가 집에서 마지막으로 밥을 먹은 적이 언제인지 기억도 안 난다. 지금도 괜찮은데 더 살을 빼고 싶다고 한다. 내년이면 고3인데 저렇게 안 먹다간 체력이 안 좋아질 것 같아 걱정이 한가득이다. 걱정은 엄마의 몫이다. 지영이는 매일 말한다. "나도 말라깽이가 되고 싶어."

지영이의 절친인 채연이도 예술고등학교를 다니고 있다. 연극영화과 2학년에 재학중이다. 지영이가 부러워하는 포인트는 이런 것이 아니다. 채연이의 몸무게가 39kg라는 점이다. 그나마 살이 찐 게 이 정도라고 한다. 채연이네는 대대로 마른 체형이라고 한다. 엄마 아빠를 닮아서 뼈대가 굵은 지영이는 야리야리한 체형의 채연이가 그냥 부러울 뿐이다. 지영이의 징징거림에도 일리가 있다. 절친이니 주말마다 아이들은 붙어 다닌다. 같이 다니는 채연이가 너무 마르니 함께 다니는 지영이가 상대적으로 거대해 보인다고 한다. 엄마가 보기에 165cm의 늘씬한 지영이가 보기만 좋은데, 지영이는 내 뼈는 왜 이리 굵냐며 밤마다 울고불고 난리라고 한다.

자녀가 자기의 신체를 대하는 태도는 대중매체의 영향을 받는 것이 사실이다. 그러나 그 이전에 부모님으로부터 배운다. 부모 스스로도 '긍정'적인 본보기가 되어주는 것이 중요하다. 아이가 어릴 때 충분히 사랑하고 칭찬을 하는 것도 좋다. 사춘기 전 '긍정적 외모'의 이미지를 가진 아이들이 더 잘 지낸다. 아이들이 잘하는 것이 있다면 격려해주자. 잘하는 활동을 통하여 성취감이 높아지고 자신을 긍정적으로 받아들이게 된다.

매리언 튜카스의 『나보다 멋진 새 있어?』라는 그림책이 있다. 빌리라는 새가 주인공이다. 빌리는 자기 다리가 아주 멋지다고 생각했다. 그런데 친구들은 아니었나 보다. 빌리는 어떻게든 다리를 아주 멋지게 만들어보려고 했지만 소용이 없었다. 고민을 하던 어느 날 빌리는 부리를 멋있게 꾸미고 나타났다. 어느새 빌리는 부리가 멋진 새로 유명해졌다. 그러자 놀림을 받았던 다리도 '멋진 다리'로 칭송을 받기 시작했다. 그림책 속 빌리의 대사이다.

"부리에 그린 멋진 그림들을 보여주면서 으쓱으쓱 정말 뿌듯했지. 가느다란 다리는 더 이상 신경도 안 쓰였어. 사실은 이제 그 다리마저 자랑스러워졌어!"

초등학교 4학년만 되어도 아이들은 외모에 부쩍 관심이 많다. 몸이 변하니 거기에 대한 생각도 많아진다. 뚱뚱하다, 목이 짧다, 얼굴이 크다, 눈이 짝짝이다 등 자신의 몸에 대한 생각이나 태도가 자리 잡기 시작한다. 2차 성징이 되며 여드름이 나기도 한다. 갸름하던 얼굴이 역변하거나 살이 찌기도 한다. 많은 아이들이 외모에 대해 긍정적인 생각보다는 부정적인 생각을 가지게 된다. 그러니 남들이 나를 어떻게 보는지 더 신경을 쓰게 된다. 그러나 이 모든 것은 자연스러운 과정이다. 나를, 나의 외모를 부정적으로 인식하면 남과 비교하게 된다. 내가 자꾸 작아진다.

그림책의 빌리처럼 나의 매력 포인트와 장점을 찾아내보자. 남들보다 잘하는 것, 내가 갖고 있는 재능이나 다른 능력을 개발하자. 이 과정에서 아이는 스스로 자신감을 가지게 된다. '자세히 보아야 예쁘다. 오래 보아야 사랑스럽다. 너도 그렇다.'라는 시가 있다. 나태주 시인의 「풀꽃」이다. 누구나 장점을 가지고 있다. 나의 좋은 점을 찾아서 스스로를 칭찬을 하는 것이 필요하다. 부리를 멋지게 꾸며 다리콤플렉스를 이겨낸 빌리의 이야기는 나의 이야기가 될 수 있다. 10대가 되면 몸이 변한다. 마음도 변한다. 그러므로 변한 나를 잘 들여다보고, 세상과 싸울 수 있는 장점을 찾아보자.

4

'꿈'이 없는 요즘 아이들

**사춘기는 허세라는
갑옷을 입은 슈퍼맨**

    고등학교에 근무하다 보면 아이들이 안쓰러울 때가 있다. 우리 눈에는 아직 어리게만 보이는데 대학 진학을 위하여 목표를 정해놓고 학생생활 기록부를 완성해야하기 때문이다. 모든 아이가 흔들리지는 않는다. 보건 의료 계열로 진학하려는 한 친구는 자율동아리를 새로 만들며 회장을 맡기도 한다. 어떤 아이는 '여인영'같은 애니메이션 감독이 꿈이라고 하며 목표를 위해 달린다. 그러나 이것은 모두 일부의 이야기다. 대부분의 아이는 '꿈'이 없다.

    강빈이는 3학년 중 가장 키가 큰 아이다. 복도에서 가장 먼저 눈에 띈다. 친구도 많고, 이번에 새롭게 여자 친구도 생겨서 학교생활이 아주 즐겁다고 한다. 그러나 이런 강빈이도 부모님과 대화를 하면 짜증이 나고 답답하다고 한다. 강빈이는 '꿈이 없다'고 말한다. 중학교 3학년이라 이제 진로를 정해야 하는데 하고 싶은 것이 없단다. "하고 싶은 것이 없어요."라고 말하는 강빈이. 그렇다고 강빈이가 어리숙하거나 준비가 안 된 아이는 아니라고 본다. 이 친구는 그 와중에서 태권도 시범단으로 활동하고 있다. 강빈이 나름대로는 무엇인가를 하고 있는 것만으로 꿈을 위해, 미래를 향해 움직이고 있는 것이다.

강빈이 부모님도 답답하다. 어른들이 자랄 때보다 풍족한 환경이다. 진로를 정하기 위해서 마주 앉으면 아들은 화만 낸다. "짜증만 내는 아이를 어떡하면 좋을까?" 강빈이를 어떻게 할지 몰라 부모님은 안절부절못하고 있다. 강빈이 아버지 입장에서는 지나보면 가장 빛나고 희망찬 시기일 텐데 아들이 왜 저렇게 미간을 찌푸리고 만사 불만인지 이해할 수가 없다. 아빠를 좋아하고 사랑스럽던 아들이 사춘기가 되면서 갑자기 말이 통하지 않는다. 외계어를 쓰는 건지 대화도 안 되고, 짜증만 내니 당혹스러울 뿐이다. 동창회를 나가 보면, 일찍 결혼한 동창들은 다 한때라고 하는데, 이 시기가 언제 끝날지 알 수가 없다.

"무슨 생각을 하는 건지 알 수가 없어요."라고 강빈이 엄마는 말한다. 옆집 영서 누나는 하고 싶은 것도 많고, 무엇을 할 것인지 알아서 잘하는데, 하고 싶은 것조차 없는 아들을 보면 보기만 해도 화병이 난다고 한다. 어릴 때는 옆집 영서나 아들이나 별반 차이가 없었는데 작년 영서가 의대를 진학하는 것을 보니 마음이 조급하다는 것이다. 강빈이도 할 말이 많다. 부모님과 이야기를 하면 더 스트레스를 받는다. 말이 통하지 않다고 느끼는 것은 강빈이도 마찬가지이다. 고등학교 입학원서를 써야 하는데 원서를 쓰기 전부터 머리가 지끈거린다.

친구들은 대부분 특성화고등학교 원서를 쓴다고 한다. 강빈이는 취업률과 대학 진학률이 높은 특성화고를 친구들과 같이 가고 싶기도 하고, 집에서는 좀 멀지만 공부하는 분위기가 잘 잡혀 있는 고등학교로 진학하고 싶기도 하다. 이런 심정을 이야기하면 부모님은 들으려고도 하지 않고 화만 낸다. 자기도 자기 마음이 무엇인지 잘 모르겠는데, 어른인 엄마아빠가 저런 반응이니 짜증이 날 뿐이다.

"꿈이 없어요." 라고 많은 아이들이 말한다. 이 말에 사춘기라고 준비가 안 되었다고 단정 짓는 것은 곤란하다. 아이들에게 '꿈'은 우주를 넘어간다든가, 지구를 지키겠다는 거창하고 멋있는 것이 아니다. 자기가 하고 싶은 것, 즐거운 것이 꿈이다. 강빈이에게는 태권도가 그렇다. 강빈이에게 태권도로 세상을 넓혀갈 수 있는 용기를 주는 것은 바로 어른들의 몫이다.

아이가 꿈이 없다고 고민하는 어른들이 많다. 걱정하지 않아도 된다. 학교에 있어보면 '꿈'이 있는 아이들이 아주 적기 때문이다. 어릴 때의 '나의 꿈'을 떠올려보자. 우리도 어릴 때의 꿈을 모두 이루고 사는 것은 아니다. 물론 어릴 때의 꿈을 이루고 사는 사람도 있다. 지금 꿈이 없다고 걱정하지 말자. 앞으로 무엇을 하고 싶은지, 어떤 일을 하면 즐거운지 찾는 것은 사춘기 아이의 과제이다.

명희는 중학교 1학년 학생이다. 전학을 와서 적응을 못한 것도 잠시, 어느 순간 명희는 인기순위에 오르내리는 학생이 되어 있었다. 명희는 2차 성징이 빠른 아이이다. 키도 크고 늘씬하다. 명희의 이상형은 소녀시대의 '태연'이다. 명희는 대학생 언니의 영향으로 '태연'을 좋아하게 되었다. 청순하고 러블리한 얼굴과 가창력 모든 것이 좋다. 외모에 관심이 많은 명희는 태연의 모든 것을 따라 한다. 태연의 패션, 메이크업을 따라 하다 보니 항상 용돈이 부족하다.

명준이는 명희 동생이다. 대학생 누나와 달리 명희와 명준이는 연예인을 아주 좋아한다. 명희가 옷이나 화장으로 치장하는데 반해, 명준이는 '허세'가 있다. 친구들 사이에서 명준이는 자신감이 넘치는 아이다. 유명 브랜드의 신발을 신고, 말투도 공격적이다. 가끔 명준이의 자랑을 듣고 있노라면 이게 진짜인가 하는 생각이 든다. 초등학생들이 생각하기에도 허황된 면이 많다. 명준이에게는 자기과시이나 친구들은 그것을 허세라고 생각한다. 그러나 명준이와 명희는 진지하다. 둘 다 남보다 우월하다고 생각한다.

그래서 명준이와 명희는 부모님과 자주 언성을 높인다. 부모님이 생각하기에 형편에 맞지 않은 씀씀인데, 아이들은 전혀 그렇게 생각하지 않는 것이다. 대학생인 큰딸은 그러지 않는데, 둘 다 왜 그런 건지 모르겠다고 하소연을 한다. 아이들이 사랑스러운 것은 사실이나 원하는 대로 모든 것을 사줄 수는 없다.

사춘기 아이들은 본인이 슈퍼맨이라고 생각한다. 지구를 지킬 만큼 스스로 대단하다고 생각하니 존재감도 크고 이제 나는 어른과 다름없다고 생각한다. 그러나 실제로는 어른들의 도움이 필요한 존재이다. 사실 아이들 스스로도 그 차이를 안다. 아이들 입장에서는 그 차이를 이겨내기 위하여 '허세'가 필요한 것이다. 사춘기 아이들은 자신감이 충만한 상태와 남과 비교하며 자신감이 바닥인 상태를 오간다. 당연히 정신적으로 힘들다. 이때 '허세'라는 방어기제가 작동한다. 아이들 입장에서는 모든 사람이 나만 지켜본다고 생각한다. 그러니 명준이의 명품신발과 명희의 태연 메이크업은 세상과 맞서는 갑옷인 것이다. 명준이와 명희의 입장에서 부모님의 조언은 갑옷 없이 전쟁터에 나가라는 이야기와 같다.

그때는 그냥 허세구나 하고 인정하면 된다. 그냥 꿈이 없다고 말하는구나 하고 알면 된다. 이 모두 자연스럽게 지나가는 시기이다. 사춘기 자녀가 변했다고 겁먹고 두려워할 필요는 없다. 꿈이 없다고 말하지만, 아이들은 무엇인가를 하고 있다. 사춘기 몸의 변화도 처음이고 호르몬의 조화로 마음도 힘든 아이들이다. 허세와 자기과시라는 갑옷이 때론 필요하기도 하다. 아이들도 이 모든 현상을 잘 인지하고 있다. 사춘기 아이가 꿈이 없지만, 무엇인가를 하고 있으면 그냥 칭찬해주자. "잘하고 있구나." 이 한마디면 된다. 어른들이 보기엔 별거 아니지만 사춘기 아이는 미래를 향해 나아가고 있는 중이다.

5

올 것이 왔구나, 중2병!

**사춘기, 나쁜 짓은 친구와,
우린 함께 있을 때 두려운 것이 없다**

중2병, 누구나 들어본 단어이다. 1999년 일본에서 처음 만들어진 속어라 한다. 중학년 2학년 사춘기 청소년이 겪는 심리적 상태를 빗댄 인터넷 언어이다. '병'이라는 단어가 있지만 실제 치료가 필요한 의학적 질병은 아니다. '중2병'과 비슷한 개념으로 요즘 초등학교 4학년만 되어도 본인이 세상의 중심인 것처럼 허세를 부려서 '초4병'이라는 말도 나온 상태이다. 이렇게 보면 중2병은 단지 우리나라만이 아닌 세계 청소년들이 겪는 심리현상이라고 보는 것이 맞겠다.

성민이는 중학교 2학년이 되었다. 성민이 엄마의 이야기로는 초등학교 때부터 조짐이 있었는데, 올해 대폭발을 하였다고 한다. 그러면서 고등학생인 누나는 손이 전혀 가는 아이가 아닌데, 성민이를 키우며 너무 힘들다고 했다.

"대놓고 신경질을 내요, 초등학교 때는 짜증은 좀 있었지만 이 정도는 아니었어요. 아이가 대들면 저도 너무 무서워요. 그래도 어릴 땐 밝은 아이였는데, 엄마 아빠가 말하면 무조건 잔소리라고 신경질을 내네요. 그나마 할아버지 말은 좀 들었지만, 이젠 그러지도 않아요."라고 성민이 엄마는 말한다. 집에서만 이렇게 하면 부끄럽지도 않다. 그러나 경찰에서 연락이 밥 먹듯 오고, 학교에서는 매일 전화가 오니 성민이 엄마는 하던 일도 그만두었다.

성민이가 학교에서 치는 사고는 다양하다. 후배 협박하기, 선배나 친구에게 돈 빌리고 안 갚기, 흡연하다 적발되기 등. 수업 중 화장실을 간다고 나가서 편의점을 가는 것은 이제 애교로 느껴질 정도이다. 그나마 편의점을 가면 군것질만 하고 학교로 돌아오니 말이다. 언제 사고가 날지 몰라 어른들은 위태위태한 아이를 항상 눈여겨본다. 담임 선생님과 학생부에서 교내에서 밀착관리를 하니 요즘 성민이는 교외를 떠돈다. 학교에서 지도하는 것만큼 집에서도 관리가 필요한데 이 점이 아쉽다. 가끔 성민이를 보면 오늘만 사는 아이인 것 같다.

언젠가부터 '중2병'이라는 말이 유행이었다. 이 단어는 사춘기의 반항적인 특성과 함께 급격한 신체적, 정신적 변화를 겪으며 어디로 튈지 모르는 청소년을 나타내는 말이다. 그러나 중2병을 잘 들여다보자. 중2병은 문제아를 지칭하기 이전에 자녀가 부모로부터 독립하기 위한 자연스러운 과정이기도 하다. 이때의 아이들은 "몰라, 됐어, 내가 알아서 할게."를 입에 달고 산다. '언젠가 좋아지겠지.'라고 생각하기엔 이제 중학교 2학년이니, 성민이 엄마는 한숨이 나올 뿐이다.

이런 성민이에게 절친이 생겼다. 항상 거칠고 돈을 빌려달라고 협박하는 성민이는 원래 혼자 다녔다. 그런 성민이가 언제인가부터 영건이와 함께 다니기 시작했다. 영화 〈친구〉 속 '함께 있을 때, 우린 아무 것도 두려울 것이 없었다!'라는 이야기처럼 성민이와 영건이는 두려울 것이 없었다. 1+1이 2가 아닌 것 같다. 친구 따라 강남 간다는 말은 옛날이야기다. 요즘 아이들은 친구와 나쁜 짓을 한다.

영건이 아빠는 불만이 많다. 영건이가 좀 반항적이긴 했으나, 성민이와 친해지면서 걷잡을 수 없이 아이가 변해간다. 친구 성민이와 서로 대화하는 것을 보면 가관이다. 무슨 말을 하는 것인지 알아들을 수 없다. 어디서부터 이야기를 해야 할지 모르겠다. 중학교 1학년 때도 문제가 있어서 나쁜 친구를 끊어내려고 아주 먼 지역으로 이사까지 온 상태였다.

전학을 와서 잠시 우울해하던 아이는 성민이와 어울리며 집 밖으로 나돌기 시작했다. 이제 15세지만, 엄마 키를 훌쩍 넘겨버린 아이는 더 이상 아빠도 어려워하지 않는다.

학교에서 또 연락이 왔다. 수업 중 화장실을 간다며 무단외출을 한 것이다. 핸드폰을 걷는 학교인데, 학교에 안 가져왔다고 내지도 않았다고 한다. 그나마 연락할 수단이라도 아이가 가지고 있어서 다행이라고 생각했다. 이번이 처음이 아니다. 회사도 조퇴하고 아이가 갈 만한 곳을 다 찾아보고 다녔다. 중간에 성민이 엄마도 마주쳤다. 둘이 나갔다더니 정말인가 보다. 저 집은 아이를 왜 저렇게 키워서 우리 영건이에게 나쁜 물을 들이는지 모르겠다.

영건이와 성민이는 옆 도시 경찰서에서 찾았다. 택시비를 안 내고 도망가다가 잡혔다고 한다. 아빠는 영건이에게 왜 그랬냐고 물었다. 영건이는 "몰라." 하고 대답을 안 한다. 집으로 데려와 어르고 달랬다. 엄마랑은 아예 말도 안 하려고 한다. 경찰서에 조사를 받으러 다시 가야 한다고, 왜 그랬냐고 다시 물었다. "아빠, 이사 온 지 얼마 안 돼서 내가 이 동넬 어떻게 알아. 성민이가 자꾸 가자고 해서."라고 한다. 아들은 또 친구의 핑계를 댄다.

작년에도 그랬다. 잘못을 저지르고 침묵을 택한 아들, 얼마 안 가 말을 한다. '친구 때문'이라고. 작년에 다닌 심리센터에서 상담받은 내용이 있다. 이런저런 나쁜 짓을 저지르는 아이들은 충동적이라 침묵을 오래 지키지 못한다고. 다음 수순은 거짓말을 하거나 친구 탓으로 돌리면 자신의 책임이 줄어들 것이라고 생각한다고 들었다. 또 성민이에게 책임을 전가한다. 아들의 말이 사실인지 아닌지를 떠나서 성민이에게도 화가 난다. 작년에도 이렇게 남의 탓으로 돌리고 반성을 하지 않아서 이사라는 힘든 결정을 했음에도 아이는 전혀 자라지 않았다.

영건이 아빠는 차라리 아들이 자기 자신의 잘못을 인정했으면 좋겠다. 반성을 하는 모습을 보면 다음에는 이런 일이 없을 것이라는 생각이 들 텐데, 아들은 전혀 그렇지 않다. 성민이는 어떤지 모르겠지만 영건이는 안다. 영건이가 잘못한 것이다. 똑같은 잘못을 해마다 반복하는 아들이 책임지지 않고 또 친구 탓을 하는 것을 보니 더욱더 실망이다.

성민이와 영건이처럼 사춘기를 격렬하게 겪는 친구들이 있다. 요즘 청소년들의 신체발달은 예전보다 빨라졌다. 그러나 정신적, 심리적인 발달은 그렇지 않다. 신체의 변화속도를 뇌가 따라가지 못하여 생기는 문제들이 있다. 특히 전두엽이 그렇다. 청소년시기에는 충동억제와 실행기능에 가장 중요한 역할을 하는 전두엽 발달이 덜 완성되어 있다. 그래서 계획을 세우거나 충동을 억제하는 데 어려움을 겪는다.

청소년기 아이들은 자신이 세상의 중심이라고 생각한다. 피아제(Piaget)의 자아중심성을 청소년기의 특성에 적용하여 확장한 학자가 있다. 엘킨드(Elkind)다. 엘킨드는 청소년기의 자아중심성은 주위 모든 사람들이 자신만 바라보고 본인이 관심의 집중을 받고 있다고 느끼는 것이라고 했다. 그리고 청소년기 아이들은 자신을 특별한 존재라고 생각한다고 한다. 그래서 사춘기 아이들은 다른 사람들은 다치더라도 자신은 그런 일이 없다고 생각하기 때문에 위험한 행동을 서슴지 않고 한다고 했다.

그러나 이 시기도 언젠가는 지나간다. 가족과의 의사소통, 청소년 본인과 부모의 노력으로 청소년기의 어려움은 얼마든지 극복할 수 있다. '중2병'도 그렇다. 사춘기 아이들은 부모의 품에서 벗어나 독립적인 존재로 성장하고자 한다. 그때 부모는 관심을 가지고 옆에 있어주면 된다.

6

사춘기의 비밀, 뇌 과학으로 풀다

사춘기의 뇌는
무한도전

사춘기의 두뇌 발달은 영유아기에 버금갈 만큼 중요하다. 10대의 뇌는 완성된 것이 아니다. 성장의 복잡하고도 중요한 터널을 지나는 중이다. 사춘기가 되면서 집중을 못 하고, 위험행동을 하거나, 잠이 많아진다고 한다. 이런 모든 사춘기의 감정과 행동의 변화에는 다 이유가 있다. 뇌가 변하고 있는 것이다.

경태는 학교에서 주로 도서관에 산다. 책을 읽는 것을 아주 좋아한다. 중학교 1학년 때는 아주 작고 얼굴도 뽀송한 아이였다. 중학교 2학년 때 급성장을 한 경태는, 3학년이 된 지금 도서관에서 찾아볼 수가 없다.

"전생에 원수였나 봐요." 학부모 시험 감독을 온 경태엄마가 말한다. 경태가 내게 복수하기 태어난 전생의 원수가 아닐까 하는 생각이 든단다. 엄마가 뭘 잘못했거나 아이가 화를 낼 상황이 아닌데 짜증부터 내니 당황스럽다고 한다. "툭 하면 신경질을 내요."라며 한숨을 쉰다. 그리고 아침마다 깨워서 학교를 보내느라 전쟁이라고 한다. 초등학교 때는 일찍 자고 일찍 일어났는데, 중학생이 되면서 그놈의 스마트폰을 보느라 새벽에 잔다고 한다. 그러니 아침마다 깨우는 게 일이다. 늦게 일어나니 학교에 가서 졸고 집중도 못한다고 속상해했다.

왜 사춘기 아이들은 집중을 못 할까? 왜 반항을 하는 것일까? 이런 궁금증은 우리만 가지고 있는 것은 아니었나 보다. TV 프로그램에서 사춘기 뇌를 조사한 적이 있다. CT 촬영을 해보니 영·유아기만큼 활발히 성장하고 있었다. 우리가 아는 질풍노도의 시기는 성 호르몬과 뇌의 활동으로 오는 것이었다.

사춘기 아이들은 사물과 배경이 같이 있으면 중심 사물에 집중하지 못한다. 성인과 다른 점이다. 어릴 때는 가족이 세상의 전부였다. 청소년기 갑자기 학교, 친구, 성적 등 새로운 관계를 맺어가면서 뇌 신경세포는 폭발적으로 늘어난다. 뇌 속이 교통 혼잡구역이 된다. 같은 일을 하더라도 효율성이 떨어진다. 산만하고 주의집중력이 떨어지는 이유이다.

경태의 요즘 생활을 한마디로 정의하면 '반항'이다. 조용한 편이었던 경태는 착하게 굴면 큰일이라도 나는 것처럼 모든 일에 반항적이다. 서슴없이, 시도 때도 없이 화를 낸다. 짜증을 낸다. 책을 좋아해서 표현력도 좋은 아이이다. 그러나 지금 경태는 다르다. 경태에게는 어떤 일이 일어나고 있는 것일까?

사춘기 아이들은 왜 감정적일까? 어째서 충동적인 행동을 억제하지 못할까? 사춘기의 뇌가 공사중이기 때문이다. 뇌간과 변연계는 활성화된다. 뇌간은 호흡, 심장박동, 체온을 조절한다. 변연계는 감정과 의욕을 담당한다. 그러나 이 둘을 조절하는 대뇌 전두엽은 아직 발달하는 중이다.

전두엽은 우리가 무엇인가를 하려고 할 때 활발하게 활동한다. 내가 누구인지, 어떤 장단점이 있는지, 나의 현재 상황이 어떤지에 대한 자기인식과 통찰력이 있는 부분이다. 그래서 전두엽이 발달하지 못하면 자기인지능력이 떨어지고 감정조절 능력에 문제가 생기는 것이다. 그래서 전두엽을 '뇌의 지휘자'라고 부르기도 한다.

전두엽이 아직 미성숙한 것뿐만이 아니다. 호르몬도 급격하게 나타난다. 청소년기 아이들의 도파민 수치는 최고를 찍는다. 도파민은 우리가 즐겁고 쾌감을 느낄 때 분비되는 호르몬이다. 이런 이유로 사춘기 아이들은 더 충동적이고 감정적이다.

한마디로 뇌가 이곳저곳에서 공사중이다. 어수선한 것이 당연하다. 때로 아이들은 내가 하는 행동이 어떤 결과를 가져올지 생각하지 못한다. 나의 욕망이나 의지를 조절하는 능력은 아직 발달하지 못했다. 또래 친구나 술, 담배 같은 악영향에 쉽게 자극을 받는 것이다. 결국 이 일들은 모두 사춘기 뇌가 공사중이기 때문에 벌어지는 일이다.

지후와 지현이는 쌍둥이다. 둘이 나란히 사춘기를 맞이하였다. 얌전하던 지후는 멍 때리는 시간이 많아졌고, 활발하던 지현이는 생각보다 학교생활에 잘 적응하고 있다. 다행히 상담실 자원봉사를 하는 두 아이의 어머니는 아이들의 뇌 발달을 잘 이해하고 있다. 지후가 지현이처럼 멀티태스킹이 안 된다고 속상해했는데, 결국 뇌의 문제였다.

뇌 발달에도 남녀 차이가 있다. 우리가 남성호르몬이라고 알고 있는 테스토스테론은 남자아이에게 많이 분비된다. 반면 옥시토신과 세로토닌은 여자아이에게 더 많이 분비된다. 그래서 남학생들이 더 공격적이다. 자기조절이 더 어려울 수 있다. 남학생의 신경전달물질, 호르몬의 분비는 불규칙하고 변동이 크다. 그러나 여학생의 경우 규칙적이고 주기적이다. 남자아이들이 예측하기 어려운 측면이 있는 것은 이런 호르몬 분비의 패턴 때문이다.

남자아이들은 활동적인 것에 자극을 더 받기 때문에 차분히 앉아 있는 것은 여자 아이들보다 더 어렵다. 그리고 여자 아이들은 소근육 활동의 발달이 남자 아이들보다 빠르다. 글 쓰고 그림 그리는 것을 남학생보다 더 빨리, 더 잘 하는 이유가 여기 있다. 이런 호르몬과 뇌 발달을 생각해 보면 지현이보다는 지후에게 더 많은 도움과 배려가 필요하다. 여학생들이 학교생활에서 두각을 나타내는 것은 호르몬의 역할과 우리나라 학업 시스템 때문이다.

청소년기의 뇌는 급성장 중이다. 그러나 사령탑 역할을 하는 전두엽은 충분히 발달하지 않은 상태이다. 훈련되지 않은 장교가 사령탑인 것으로, 미숙한 사령관은 현재 사춘기와 전투중이다. 때로는 승리하고, 때로는 실패한다. 사춘기 문제행동에는 이러한 뇌의 활동이 있다. 어른들은 이런 미성숙한 전두엽의 작동 상태를 도와주어야 한다.

사춘기 뇌는 무한도전 중이다. 뇌 속 신경세포는 다른 신경세포와 연결되어 시냅스라는 구조를 이룬다. 뇌에서 시냅스가 얼마나 단단하고 촘촘한지가 중요하다. 사춘기 시기에는 전전두엽 피질 시냅스가 충분히 연결되어 있지 않다. 사춘기 뇌가 미성숙한 이유이다. 그러나 이런 연결망의 미완성이 나쁜 것만은 아니다. 다른 관점에서 보면 사춘기 뇌의 무한 발전 가능성이 있는 것이다. 뇌는 외부의 자극이나 경험 등에 따라 연결망이 만들어지기도, 달라지기도 한다. 사춘기라 가능한 현상이다.

그래서 좋은 경험이 중요하다. 청소년기는 어린이에서 성인으로 성장하는 과정이다. 여기에 뇌의 재구성이 일어난다. 10대에 경험한 행동과 습관이 어른이 되었을 때 자신을 구성하는 중요한 요소가 된다. 또 이것은 사춘기에 성교육을 해야 하는 다른 이유이기도 하다. 좋은 어른, 좋은 경험이 사춘기 아이의 인생을 바꾸어놓을 수 있다.

7

아슬아슬 선을 넘나드는 아이들

사춘기도 지켜야할
선이 있다

'아동 · 청소년의 성보호에 관한 법률'이 있다. '아동 · 청소년의 성보호에 관한 법률'에는 '성인이 만 13–16살 아동 · 청소년의 궁박한 상황을 이용해 간음하거나 추행한 경우 합의 여부와 무관하게 최소 징역 3년으로 처벌'하게 되어 있다. 그러나 국가인권위원회는 성매매 대상이 된 19살 미만의 아동과 청소년은 연령과 자발성 등에 상관없이 모두 피해자로 보호해야 한다고 성명을 발표했다.

고등학교 동창모임이 있었다. 생일을 맞이한 친구와 반 년 만에 만났다. 약속 장소는 인스타그램에서 유명한 시내의 술집이다. 친구는 이번에 대학교 2학년이 되는 딸과 동행했다. 엄마 친구들 모임에 따라 나온 아이가 예뻤다. 술과 안주를 주문하는데, 종업원이 왔다. 친구 딸의 신분증을 검사한다. 이 친구는 화장을 하거나 하지 않아 길에서 보면 고등학생으로 보이긴 한다. 아직 아이가 초등학생인 친구 하나가 무척 신기해했다. 친구의 딸은 요즘 대학가 앞 술집들은 지문으로 성인 여부를 확인하는 기계가 설치된 곳도 많다고 했다. 심지어 지문도 찍어보았다면서 "그만큼 청소년 출입이 많아서 그런 거 아닐까요?" 한다. '식품위생법과 청소년보호법'에 의하여 검사를 하는 것은 당연하다. 꼭 법이 아니더라도 아동·청소년에게 주류를 제공해서는 안 된다. 호주에 살고 있는 대학동창은 지금은 괜찮은데 20대에는 힘들었다고 했다. 동양인이라 상대적으로 어려 보이니 친구들과 바에 가면 항상 신분증검사를 한다고 말했다. 그러나 지금은 그것이 정상이라고 말한다. 청소년은 우리 사회가 지켜주어야 할 대상이기 때문이다. 그건 담배도 마찬가지이다. '담배사업법 및 시행규칙, 청소년 보호법'에 따라 청소년에게 담배를 팔면 처분을 받는다.

앞서 이야기했던 지연이의 사례로 돌아가 보자. 다른 학교로 전학가기 전 지연이는 학교폭력 가해자였다. 그 사건을 별개로 하더라도 선도위원회에 흡연과 음주로 여러 번 선도처분을 받았다. 초등학교 때부터 흡연을 시작했다고 한다. 술도 마찬가지이다. 가끔 엄마가 괜히 걸리지 말고 집에서 먹으라고 술을 사주기도 했단다. 주말에 갑자기 집이 비었을 때 친구들과 흡연·음주를 했다고 한다. 친구들과의 즐거운 시간을 카톡 프로필 사진에 올렸다가 담임 선생님이 보게 되었다. 학교에서는 술과 담배를 판 편의점을 신고했다. 법으로 미성년자인 중학교 1학년 지연이가 담배나 술을 사는 것은 불법이다. 지연이의 음주와 흡연이 적발되며 지연이에게 술과 담배를 판 편의점 역시 영업정지 처분을 받았다. 편의점 주인은 알바생이 잘못한 것은 맞고, 자기가 감독을 소홀히 한 것은 맞지만 남의 영업집 밥줄을 끊어놓았다고 지연이 엄마에게 소리를 질렀다고 했다. 많이 억울해했다고 들었다.

지연이는 성매매로 조사를 받고 있다고 한다. 술도 담배도 파는 사람이 처벌을 받는다. 같은 이치로 성을 파는 아이가 처벌을 받는 것이다. 물론 지연이는 아무런 죄의식이 없어 보이긴 했다. 그러나 아이가 죄의식이 있건 없건 이 문제는 다르게 접근해야 하지 않을까?

국가인권위원회의 성명과 별개로 법무부의 의견은 확실하다. 법무부는 '자발적·상습적 성매매 아동·청소년에 대한 적절한 대책의 마련이 필요하며, 모든 성매매 아동·청소년을 피해자로 보기는 어렵다'고 말한다. 국가인권위원회의 의견과 반대인 것이다. 국가인권위원회의 의견은 성매매 범죄의 상대방이 된 아동·청소년을 '대상 아동·청소년'이 아닌 '피해 아동·청소년'으로 개정해 이들이 성매매 범죄의 피해자임을 분명히 하고 이들에 대한 보호와 지원을 강화하는 것이 바람직하다고 한다. 이 의견에 동의한다.

아동 · 청소년의 성매매가 지연이의 경우처럼 때로는 자발성을 보이기도 한다. 그러나 성매매를 부추기는 알선자, 성매매를 부추기는 나쁜 어른이 주변에 있다. 혹은 가출 후 생계를 위하여 성을 팔기도 하는 것이 현실이다. 실질적으로는 자발적이 아닌 비자발적인 성매매인 경우가 더 많다. 사춘기 아이들은 아직 미성숙하다. 가치관과 판단능력이 성숙해지는 중이다. 그러니 성인과는 다른 잣대로 판단해야 한다고 생각한다.

진석이는 중학교 3학년, 주윤이는 중학교 1학년이다. 이 두 남학생은 공통점이 있다. 또래 포주인 것이다. 얼마 전 동네 맘 카페를 떠들썩하게 만든 주인공들이다. 이제 TV나 뉴스를 보면 '또래 포주'의 등장이 낯설지 않다. 스마트폰이 보급되면서 아이들은 '앱'을 이용하여 성매매를 한다. 얼마 전까지 고등학생 포주가 있다고 해서 놀랐는데, 이제는 중학생 포주까지 등장했다. 어른들이 친목과 연락을 위해서 쓰는 스마트폰을 아이들은 다른 용도로 사용하고 있다.

사실 지연이가 경찰에 적발된 것은 진석이와 주윤이가 경찰에 걸리면서다. 포주인 아이들과 성매매를 한 아이들이 돈을 나누는 과정에서 문제가 발생했다고 들었다. 아이들은 여기서 그치지 않고 자신들이 알고 있는 동네 언니, 오빠에게 말했고, 상황이 더 심각해졌다. 어른들에게는 충격적인 사건이었다. 진석이는 지연이와 같은 초등학교 출신이다. 같은 중학교에 진학했으나 학교폭력에 연루되어서 진석이는 지연이가 입학하기 전 다른 학교로 전학을 갔다. 학교만 전학 갔을 뿐 같은 동네에 살고 있었다고 한다. 주윤이도 마찬가지다.

예전에는 가출 청소년 사이에서 성매매가 존재했다. '또래 포주'도 마찬가지이다. 가출한 청소년들이 돈이 떨어지면 그 안에서 채팅앱을 통하여 성매매에 나서는 경우였다. 뉴스에서 나오는 대부분의 청소년 성매매와 청소년 포주가 여기에 해당한다. 여기에 그치지 않고 협박을 하거나 돈을 빼앗다가 경찰에 적발되기도 했다. 가출이 범죄로 진화하는 것이다. 그래서 학교에서는 가출은 하는 게 아니라고 말한다. 일단 집에서 부모님과 모든 문제를 해결하자고 한다.

청소년 성매매를 알선한 경우 처벌을 받는다. 성매매알선 등 행위의 처벌에 관한 법률(성매매 알선 등)과 청소년보호법 위반에 해당된다. 그러나 진석이와 주윤이는 처벌을 피해갔다. 진석이는 장애인등록증이 있었고, 주윤이는 촉법 소년이었다.

현행 소년법은 만 19세 미만에 적용된다. 형법 9조에 따라 만 10세부터 만 14세 미만의 촉법 소년과 만 14세 이상부터 만 19세 미만의 청소년으로 구분한다. 촉법 소년은 범죄를 저질러도 형사 처벌을 받지 않지만 법원의 보호관찰을 받는다. 가정법원 소년부 또는 지방법원 소년부에서 보호사건을 관할한다. 법률적으로 다음이 대상이다. 죄를 범한 소년, 형벌 법령에 저촉된 행위를 한 10세 이상 14세 미만의 자, 10세 이상의 소년으로 집단적으로 몰려다니며 주위 사람들에게 불안감을 조성하는 성벽이 있거나, 정당한 이유 없이 가출하고, 술을 마시고 소란을 피우거나 유해 환경에 접하는 성벽이 있어 장래 형벌 법령에 저촉되는 행위를 할 우려가 있는 자를 보호사건의 대상으로 한다. 주윤이와 지연이가 여기에 해당된다. 그러나 촉법 소년도 우리가 보호해야 할 사춘기 청소년인 것은 틀림없다.

8

나쁜 줄 알면서 행동하는 아이들

사춘기, 거절도 연습이 필요해,
거절을 거절한다? 거절을 인정하자

1년 내내 다이어트 중인 친구가 있다. 어느 날 이 친구와 여행을 갔다. 간만에 간 여행이니 즐겁게 지냈고 맛있는 것도 많이 먹었다. 사실 친구의 건강은 많이 안 좋다. 체중이 너무 많이 나가 무릎연골이 다 닳았다고 한다. 5월 인공관절 수술이 예정되어 있다. 그러나 하루를 지내보니 수술을 하고 나서도 친구가 걱정이 되었다. 우리의 몸은 수술을 한다고 무조건 좋아지지 않는다. 최상의 컨디션으로 수술을 해야 한다. 친구는 수술을 위해서 체중을 조절해야 하지만 그런 노력은 전혀 하지 않았다.

부모님이 생각하기에 지환이는 가장 편한 시기를 보내고 있다. 아빠처럼 퇴사권유에 시달리지도 않고, 그저 공부만 열심히 하면 된다. '공부가 제일 쉬웠어요.'라는 아이도 있는데, 지환이가 매사 힘들다고 하는 게 이해가 되지 않는다. 지환이는 부모님과 달리 많은 것을 누리고 있는데 나쁜 짓만 골라서 한다고 한다. 화내고 짜증은 기본이다. 어느 때는 여자친구에 미쳐 있더니, 지난달은 시험기간인데도 밤새 스마트폰으로 게임을 했다. 시험시간에 잠이 쏟아져 시험을 망친 것은 당연하다. 부모님이 생각하기에 중요한 것들도 전혀 챙기지 못한다. 자기감정조차 조절하지 못하고 우울하다고 하며, 엄마 아빠가 말하는 모든 것을 반대한다.

지환이의 반항과 불만에는 이유가 없다. 어른들은 꼰대라고 여기고 반감만 가진다. 내 인생은 알아서 할 테니 참견만 안 했으면 좋겠단다. 힘든 중학생 시기를 보내고 나니 이제 흡연과 음주는 애교로 느껴질 정도이다. 고등학교 진학을 앞두고 있으니 친구들과 나쁜 짓을 하다가 다른 사람에게 피해를 주는 것이 아닐까 노심초사이다.

막상 지환이는 자기 자신의 행동을 잘 알고 있다. 규정에 없으니 머리도 오렌지색으로 염색했다. 담임 선생님이 기함을 했지만, 사춘기 반항이라 생각했으면 한다고 말한다. "제가 TV에 나오는 아이들처럼 막 나가는 건 아니거든요."라고 하는 지환이. 그래도 본인은 상식적이라고 생각한다. 지환이는 사실 어떤 행동이 용인이 되는지, 어떤 행동이 나쁜 건지 알고 있다고 한다. 그래서 사고도 용납할 수 있는 선에서만 친다고 말하며 웃는다.

　사실 사춘기 아이들은 절제력이 절대적으로 부족하다. 그래서 나쁜 행동을 알면서도 반복하는 경향이 있다. 시험기간에 PC방에서 살거나, 하루 종일 친구들과 카톡과 페메를 주고받는 것도 마찬가지이다. 아이들은 지금 해야 하는 일이 있는 것을 알고 있다. 그러나 게임이나 메신저를 멈출 수 없다. 일종의 중독이다. 지환이에게는 시험기간에도 게임에서의 순위를 올리는 것이 더 중요하다. 물론 엄마가 가끔 PC방을 가는 것을 알고 있기는 하지만 시험기간에 간 것을 걸리면 혼난다는 것도 안다. 그래서 몰래 간다. 나쁜 줄 알면서도 하고 있다.

　그리고 막상 온라인에서는 나만 이 게임 속에 있는 것이 아니라는 것에 만족감을 느낀다. 내일이 수학시험이지만, 나만 포기한 것이 아니니 마음이 조금 편해졌다. 옆자리의 원준이를 봤다. 싫다고 하더니만 따라와서 게임만 잘한다.

　원준이는 심란하다. 내일이 수학시험인데 지환이가 또 PC방을 가잔다. 싫은 것은 싫다고 말하기로 엄마와 약속도 했는데 지환이가 '거절은 거절한다'며 끌고 왔다. 막상 와보니 게임은 좋다. 그런데 부모님과의 약속을 지키지 못한 것이 내일 수학시험보다 더 걱정된다.

2018년에 '장기하와 얼굴들'이 발표한 '거절할 거야'라는 노래가 있다. 노래를 들어보면 "거절할 거야"라는 가사가 계속 반복되고 있다. 내가 싫으면 거절해도 된다는 것을 보여주고 있는 것이다.

(생략)

거절할 거야

아무리 이런저런 얘기를 해도

내가 내키질 않으면

거절할 거야

아무리 네 얼굴이 어두워져도

내가 내키질 않으면

거절할 거야

거절할 거야

아무래도

역시 나는 안 되겠어

싫어 싫어 싫어 싫어라는 말을

입 밖으로 내는 상상

해보려고만 해도 막

입꼬리가 완전히 딱

굳어버리려고 하는데

아냐 아냐 아냐 아냐 오늘만은 내가

반드시 니 부탁을

거절할 거야

아무리 이런저런 얘기를 해도

내가 내키질 않으면

거절할 거야

아무리 네 얼굴이 어두워져도

내가 내키질 않으면

거절할 거야

아무리 이런저런 얘기를 해도

내가 내키질 않으면

거절할 거야

아무리 네 얼굴이 어두워져도

내가 내키질 않으면

(생략)

원준이에게는 싫으면 싫다고 거절하는 연습이 더 필요하다. 원준이뿐만이 아니라 지환이도 마찬가지이다. 상대가 싫다고 거절했으면 받아들여야 한다. 비단 PC방에 가는 문제가 아니다. 이는 이성교제에서도 마찬가지이며, 인간관계를 이어나가는 데 중요하다.

9

인싸가 되고 싶은 아이들

사춘기, 인싸보다 중요한
나만의 길을 찾다

데이비드 버커스는 『친구의 친구』라는 책에서 이렇게 말했다. "친구의 친구는 당신의 미래다." 이 책에서는 대부분의 사람이 슈퍼 커넥터가 되기에 충분할 정도로 인맥을 넓힐 능력을 가지고 있다고 말한다. 무조건 인맥을 늘리기보다, 지금의 인맥을 신중하게 조정할 필요가 있다. 친구를 선택하고 친구의 친구가 누구인지 인식하는 것은 중요하다. 우리가 어떤 사람이 되는지에 영향을 끼치기 때문이다. '인싸'가 되는 것도 중요하지만, 어떤 '인싸'가 되는지도 중요하다.

민영이는 중학교 3학년이다. 학교 내 최고의 '인싸'이다. 친구들과 잘 어울리고 유행에 민감하다. 심지어 공부도 잘한다. '인싸'인 민영이와 '아싸'라고 생각하고 있는 아름이는 유치원 때부터 친구이다. 여드름이 덕지덕지 난 아름이는 얼굴도 매끈하고 몸매도 예쁜 민영이가 부럽기만 하다. 내성적이라 새로운 친구를 잘 사귀지 못하는 아름이가 알고 있는 대부분의 친구는 민영이를 통해서 만났다. 민영이는 낯선 곳에서도 잘 적응한다. 교우관계도 좋고 남의 이야기에 공감도 잘해 인기도 많다. 아름이도 민영이가 좋기는 하지만, 고등학교까지 같이 가고 싶지 않다고 한다. 민영이와 같이 다니면, 자신이 너무 작아지는 느낌이 든다고 한다. 물론 민영이와 같이 다니며 자신감도 생기고 무리의 중심이 된 느낌이 들어 좋기도 하지만, 이 모든 것은 민영이의 영향이라고 했다. 그러나 평준화지역이다 보니 고등학교까지 같이 가게 되었다. 아름이의 고민이 이래저래 깊다.

아름이와 이야기를 하다 보니 아름이가 그래도 자기는 영선이보다는 낫다고 한다. 영선이도 민영이, 아름이와 같은 유치원, 초등학교, 중학교 친구이다. 이번 겨울방학에 다 같이 영선이 외할머니가 사시는 제주도에 놀러가기로 했다는 것이다. 민영이와 아름이는 벌써 부모님께 허락도 받았다. 물론 친구들에게 자랑도 했다. '인싸'인 민영이가 이번 방학에 친구들끼리만 제주도를 간다고 하니 많은 아이들이 부러워했다고 한다.

문제는 영선이의 외할머니가 제주도에 사시지 않는다는 것에 있었다.

영선이가 유치원 때부터 외할머니가 사시는 제주도 자랑을 많이 했다고 한다. 초등학교 때는 감귤초콜릿을 친구들에게 나누어주기도 했단다. 아름이 말로는 요즘 인스타그램 말고 예전 카카오스토리에도 제주도 사진이 많았다고 했다. 발단은 아름이 엄마가 영선이 엄마에게 전화를 하면서부터였다. 아이들에게 들어서 방학 내내 제주도 외가에 간다고 했는데, 언제 가는지, 비행기 티켓이며, 할머니께 인사를 어떻게 드려야 하는지 의논하려 했다. 영선이 엄마는 전혀 모르고 있었고, 제주도에는 아무런 일가친척이 없다고 한다. 초등학교 때 2번 여행을 다녀온 것이 전부라고 했다. 이 이야기를 동네 커피숍에서 민영이 엄마를 만나서 어찌 된 건지 이야기를 했는데, 소문이 퍼졌다.

아름이는 영선이가 '관종'끼가 있었다고 했다. "민영이처럼 '인싸'가 되어 눈에 띄고 싶은 욕구가 너무 강했나 봐요." 관종의 특징은 허언증이다.

관종, 허언증을 연극성 인격 장애로 보기도 한다. 연극성 인격성향을 가진 사람들은 주변의 관심을 끌기 위해 극단적인 행동을 자주 하며 외모를 치장한다. 자신이 드라마 주인공이라고 생각한다. 관종과 허언증이 있는 사람들은 외모와 물질적인 것에 많이 집착한다. 상대방의 감정을 무시하고 공감능력이 떨어져 영선이에게 친구는 민영이와 아름이밖에 없다. 인간관계가 진실되지 못하니 서로 이해하지 못하고 유지가 되지 못한다.

영선이는 페이스북과 인스타그램에 집착한다. 팔로워에 울고 웃는다. 영선이의 행동이 아름이는 어느 부분 공감이 된다고 한다. 너무 잘나가는 민영이 곁에서 비교하는 나 자신이 싫었는데, 영선이는 나보다 더 힘들지 않았나 생각한다고 했다. 사실 영선이의 거짓말 때문에 아름이는 잘나가는 친구와 많은 것을 가진 영선이 사이에서 더 작아졌다.

영화 〈리플리〉가 있다. 이 영화에 나온 리플리 증후군은 현실을 부정하면서 자신이 만든 허구를 진실이라고 믿고 거짓말을 반복한다. 2010년 이후 관심종자의 줄임말로 '관종'이라는 단어가 등장하였다. 대중매체에 등장하면서 많은 아이들이 알고 있다. 사실 허언증은 아주 사소하고 가벼운 거짓말로 시작한다. 현실을 부정하는 것이다. 영선이도 이렇게 사소하게 시작하였을 것이다.

아름이는 영선이에게 어떻게 해야 할지 모르겠다고 한다. 3학년 사이에서 워낙 소문이 많이 퍼져서 돌아올 수 없는 강을 건넌 것 같다고 했다. 더욱 답답한 것은 영선이가 전혀 아무런 말도 하지 않는다는 것이다. 민영이와 아름이는 영선이가 너무 안타깝다고 했다. 그냥 작은 거짓말이 커졌을 뿐인데, 괜히 엄마가 전화해서 일을 키운 것 같다며 자기들은 제주도에 가고 싶은 게 아니라 영선이와 함께 있고 싶은 것뿐이라고 했다.

관종과 허언증이 있는 친구들이 많다. 웃고 지나갈 수 있는 귀여운 수준이기는 하다. 그러나 남들의 관심이 나의 자존감을 올려주지는 않는다. '좋아요'라는 댓글이 주는 만족보다 내 바로 옆의 친구의 손을 잡아 보는 것은 어떨까? 나의 외모와 보이는 것에 너무 집중하지 않는 것이 좋다. 여행의 셀카가 아닌 일상에 집중할 때 나의 자존감은 더 높아진다. 남에게 자랑하고 싶은 하루보다 나에게 충실한 하루를 사는 것이 낫다.

'인싸'가 되고 싶은 '아싸'라면 나를 먼저 알아보자. 내가 무엇을 좋아하고 잘하는지 알아야 한다. 영선이에게도 이런 노력이 필요하다. 내가 무엇을 잘하는지 알아야 아이디어가 나오고, 나에게 어떤 것이 필요한지도 알 수 있다.

내가 누군지 공부를 하는 것만큼 책을 읽거나 경험하는 것도 나의 흥미와 장점을 찾아가는 길이다. 무조건 많은 사람을 아는 것보단 연결되어 있는 인간관계의 '질'이 더 중요하다. 비록 작은 거짓말에서 시작했지만 영선이에게는 민영이와 아름이라는 좋은 친구들이 옆에 있지 않은가.

누구나 그렇듯 익숙하고 같은 성향을 가진 사람을 훨씬 선호한다. 한 번이라도 만나본 사람이 편하고 한 번이라도 해본 것이 익숙하다. 아름이처럼 혼자 가는 것을 택해보자. 혼자라서 더 쉽게 말을 붙일 수 있고 받아들이는 사람도 여러 명보다는 한 사람을 더 편해하니까. 인간관계는 그렇게 만들어진다.

민영이는 일찍 자신의 장점을 찾은 친구이다. 우리는 흔히 1+1=2가 아니라고 말한다. 한 사람과 한 사람이 만났을 때 2 이상이 되려면 적어도 내가 완전한 '1'의 역할을 해내야 한다. 그렇게 '인싸'가 되는 것이다.

❷ 보건교사도 성교육이 어렵다

책임교사, 어떤 부분의 교육이나 업무를 책임지고 도맡아서 하는 교사를 말한다. 주로 '학교폭력책임교사'를 칭한다. 사실 학교폭력 업무는 힘들다. 일도 많고 원망도 많다. 물론 대학에서 학교폭력 책임교사의 업무에 대하여 배우지도 않았다.

서울에서 대학을 졸업하고 교사가 된 친구가 있다. 1년 동안 새내기 교사로 살다가 갑자기 사직을 했다. 소식이 끊긴 친구는 유아교육과 대학생이 되어 있었다. 우리가 병원에서 간호사로 일할 때 그 친구는 대학을 졸업하고 다시 임용고시를 치러서 유치원 교사가 되었다. 시간이 흘러 고등학교 동창모임에서 친구를 마주하게 되었다.

우리는 들은 소식이 있기에 '대단하다', '멋지다'를 연발했고, 유치원 교사로서의 삶은 어떤지 물었다. 그 친구는 천사 같은 아이들이 너무 너무 예쁘다고 말했다. 그런데, 삶은 어디서나 같은지 세상에 힘든 일투성이라고 한다. 나는 왜 그러냐고 물었다. 이미 서울에서 중학교 교사로 살았던 친구가 초등학교 병설유치원에 발령받고 첫날의 일이었다. 정신없는 하루를 보내고 환영회식 날, 회식장소인 식당으로 향했다고 한다. 줄곧 서울에서 살다가 처음 타 지역으로 이사도 오고 길도 낯설어서 어렵게 물어물어 회식장소로 향했다. 중등학교와 달리, 초등학교 선생님들은 아이들을 데리고 다니는 것도 신기했는데, 회식장소도 데리고 와서 가족적인 학교라고 생각했다고 한다. 그런데 회식이 진행되다 보니 그 선생님들의 아이들이 다 자기 곁에 있더란다. 선생님들이 자기가 유치원 교사니, 본인들의 5-6세 된 아이들을 오늘 발령받은 유치원 선생님 옆에 놓고 희희낙락 밥을 먹고 있었다는 것이다.

이야기를 듣다 보니 전투적인 친구의 모습을 알고 있던 우리는 조마조마했다. 이 친구는 방긋 방긋 웃으며 교장선생님에게 "저 오늘 환영해주시는 것이 아니라 초과 근무하러 온 것 같습니다. 저는 지금 다시 학교로 돌아가서 출장과 초과근무 결재 올릴 테니 결재바랍니다." 하고 아이들 손을 하나하나 잡고 부모에게 인계하며 "이제 3살 난 내 아이도 아직 베이비시터에게 맡겨져 있네요. 전 퇴근하니 니 자식은 니가 보세요."라고 했단다. 물론 내 친구의 성숙하지 못한 태도도, 전임자의 호의를 권리로 받은 교사들도 다 잘못했다. 그러나 그 회식 이후 업무가 많이 정리된 것도 사실이라고 했다.

학교에서 보건교사는 성교육 담당교사이다. 사실 보건교사는 간호학

을 공부할 때 요즘 필요한 성교육에 대하여 배운 바가 없다. 우리는 모성
간호학, 정신간호학, 지역사회간호학과 보건교육을 배웠을 뿐이다. 학교
로 오니 내가 성교육 담당교사라고 하고 발령 첫날, 교실에서 성교육을
주제로 수업을 해야 했다.

아이를 낳고 키우다 보니, 내가 어려워하던 주제가 바로 자녀교육의
일부분이었다. 아이를 키우며 화장실 사용하기, 샤워하기, 옷 입기, 남에
게 피해 주지 않기 등 모든 것이 포함된다. 대학에서 배우지 않은 부분을
연수를 받고 교육을 쫓아다녔다. 성교육은 사실 과학이나 수학처럼 딱
떨어지는 교육이 아니다. 가치관 교육이고 가정과 학교, 사회가 함께해
야 한다. 그 점이 가장 어렵다.

3 장

사춘기에 나타나는 변화와 특징

1

사춘기, 내 몸이 변하기 시작했다

사춘기 성장은
호르몬이 좌우한다

사춘기, 대표적인 내 몸의 변화를 2차 성징(Secondary sex character-istic)이라고 한다. 성장하면서 남녀의 신체적 특징이 드러나는 것을 말한다. 2차 성징을 시작하며 남자, 여자의 신체적 변화가 온다. 이는 사람만 겪는 일은 아니다.

몇 년 전의 일이다. 동네 지인으로부터 운전을 해줄 수 있겠냐는 부탁을 받았다. 주말이라 가능하다고 하고 약속장소로 나갔다. 지인의 부탁은 길냥이의 입양을 위한 차량이동 활동이었다. 눈만 동그랗게 뜨고 무서워서 '야옹' 소리 한 번 못 내던 고양이가 눈에 밟혀 1년 넘게 차량이동 봉사를 하게 되었다. 아는 만큼 보인다는 말이 있다. 1년 동안 주말마다 차량이동 봉사를 다니다 보니 '포인핸드(PawinHand)'라는 앱을 알게 되었다. '포인핸드'는 전국 유기동물의 현황을 바로 볼 수 있다. 유기동물이 구조되면 지역 내 보호소로 이송된다. 운이 좋아 주인을 찾으면 다행이지만, 입양이 되지 못하면 10일 후 개체 수 조절이나 고통을 덜어주기 위하여 안락사를 한다고 한다.

아이들과 '포인핸드' 앱에서 2주된 고양이를 보았다. 처연해 보이는 눈빛에 졌다. 안락사가 얼마 안 남았다. 결국 보호소에 가서 입양을 해왔다. 물론 가족 모두 알레르기 검사를 하긴 했다. 나와 아들이 고양이 알레르기가 심해 문제였지만, 가족이니까 약을 먹으면서도 참을 수 있었다. 전혀 예상하지 못했던 것은 고양이 '누리'가 6개월 정도 되었을 때 울음이 잦아졌다는 것이다. 울음뿐 아니라 뒹굴고 몸을 부비는 등 행동이 너무나도 불편해 보였다. 놀라서 동물병원에 데려가니 '사춘기'가 왔다고 한다. 그렇다. 고양이도 사춘기를 겪는다. 사람처럼 2차 성징, 즉 번식능력이 가능하게 몸이 변한다. '누리'는 중성화 수술을 하고 아이들의 극진한 사랑을 받으며 그 시기를 잘 이겨냈고, 현재 6살이 되었다.

사춘기가 되면 성기와 겨드랑이에 털이 난다. 음모와 액모가 발달하는 것이다. 키가 커지고 몸무게가 늘어난다. 호르몬 분비로 여드름이 나기도 한다. 남자의 경우 목소리가 굵어지고, 수염이 나며, 음경과 고환, 근육이 발달한다. 변성기가 온다. 여자는 유방이 커지고 골반이 넓어지고 월경을 시작하기도 한다.

사춘기에는 신체적 변화가 나타난다. 여자가 남자보다 평균 1-2년 정도 빠르다. 보통 초등학교 고학년 때 이런 변화가 나타나므로 이보다는 일찍 성교육을 시작해야 한다. 그래야 당황하지 않는다. 여자 아이의 경우 초경을 하기 6개월에서 1년 전에는 질에서 분비물이 나오기 시작한다. 이를 통해 아이가 곧 월경을 시작할 것이라는 것을 알 수 있다. 준비가 필요하다.

사춘기에 나타나는 모든 변화는 호르몬 자극의 결과이다. 뇌하수체 전엽에서 분비되는 성샘자극호르몬과 태반에서 분비되는 태반성 성샘자극호르몬이 있다. 이 성샘자극호르몬은 난포자극호르몬과 황체형성호르몬의 2종류가 있다. 난포자극호르몬은 남성에 대하여 고환을 자극하여 정자성숙 및 정세관의 발육을 촉진한다. 남성호르몬의 분비를 촉진하는 것이다. 여성에 대하여는 난소를 자극하여 배란에 이르기까지의 난포의 성숙을 촉진한다.

태반성 성샘 자극호르몬은 임신의 초기에 분비가 시작된다. 난소에 작용하여 임신황체를 만들고, 그것을 유지하여 황체호르몬을 계속 분비시킨다. 이 호르몬은 임신의 조기진단에 이용된다. 결국 사춘기 성장은 호르몬의 변화에 의한 것이다.

은경이는 사춘기가 싫다. 피지선과 땀샘의 활동이 활발해졌다. 피부 아래 있는 피지샘이 열심히 피지를 만들어 땀과 함께 배출하려고 준비한다. 은경이 얼굴에는 개기름이 번들거린다. 그러나 은경이의 모공은 막혔나 보다. 모두 여드름이 되었다. 사춘기 여드름은 호르몬 불균형으로 나타난다. 대개 성인이 되면 사라진다. 그러나 은경이는 얼굴이 이런 것이 너무나도 신경 쓰인다. 엄마를 졸라서 피부과를 갔다. 병원에서는 '아침저녁으로 잘 씻고, 손으로 만지지 말라'고 한다. 은경이는 천연비누로 아침, 저녁 세수를 꼼꼼히 한다. 그러나 이미 잡아 뜯은 여드름은 흉터가 되어 은경이를 슬프게 한다.

선호도 억울하다. 아침저녁으로 샤워를 하고 있는데, 냄새가 난단다. 부모님은 사춘기 변화로 나타나는 현상이라고 하는데, 가끔은 내 방에서 나는 냄새가 너무 괴롭다. 선호는 출장을 다녀오는 아빠에게 부탁해서 '러쉬 더티 스프레이'까지 구입했다. 더럽게 냄새가 좋다고 해서 샀는데 속은 것 같다.

사춘기 몸의 변화 중 하나가 땀 분비와 냄새이다. 체취라고 한다. 우리 몸에는 땀샘이 온몸에 있다. 2차 성징을 시작하면 땀샘이 활발하게 활동해서 체취가 강해진다. 특히 성기와 겨드랑이 주변이 냄새가 심해진다. 이는 남녀 모두 나타나는 현상이다. 자주 씻는 것이 가장 좋지만 상황이 안 된다면 티슈형 데오도란트나 물티슈를 사용하는 것도 방법이다.

사춘기가 되며 선호에게는 체취가 강해진 것과 별개로 목젖이 나오기 시작했다. 테스토스테론이 분비되면서 목소리가 변한 것이다. 친구들과 노래방 가는 것을 좋아하는 선호에게 엄마 아빠는 사춘기에 목 관리를 잘해야 한다고 말했다. 그래서 물을 자주 마셔서 목을 항상 촉촉하게 유지하고 있다. 사춘기가 되니 선호는 물티슈나 물 등 챙길 게 많아져서 불편하다.

은경이는 여드름만 나타난 게 아니다. 가슴도 커졌다. 원래 통통한 체형이었는데 가슴이 확 커진 것이다. 동생은 키가 크며 무릎이 아프다는데 은경이는 가슴이 아프다. 사춘기가 되면서 에스트로겐이 분비되어 가슴이 커진 것이다. 또 초경이 시작되면 프로게스테론의 영향으로 가슴은 성숙하게 된다. 가끔 가슴에 몽우리가 잡히기도 한다. 엄마는 몽우리가 잡히고 나면 가슴이 부풀거라고 했다. 다른 친구들은 아프지 않다는데, 은경이는 몽우리가 잡히고 나면 아프다.

요즘 은경이를 괴롭히는 문제는 여드름만이 아니다. 가슴이 은경이가 생각해도 너무 커지는 것 같다. 이효리는 말라도 가슴만 크던데, 은경이는 통통해서인지 가슴이 커지는 게 반갑지 않다. 은경이는 요즘 어깨를 움츠리고 다닌다. 엄마 말로는 은경이가 가슴이 너무 크다고 생각해서 나오는 무의식적인 행동인 것 같다고 하신다. 엄마는 어깨가 굽고 체형이 안 예뻐진다고 학교에서 돌아오면 벽에 은경이를 세워놓으신다. 은경이도 바른 자세가 좋은 것은 알고 있기는 하다.

사춘기가 되면서 2차 성징은 누구나 겪는다. 그러나 이러한 2차 성징은 사람마다 시기도, 속도도 다르다. 개인차가 있는 것이다. 아이들은 남과 다른 이런 현상에 고민을 하고 방황을 하게 된다. 따라서 2차 성징이 나타나기 전에 교육을 하는 것이 중요하다. 사춘기도 아는 것이 힘이다.

2

사춘기 시작 전 알아야 할 것들

사춘기,
준비된 만큼 성장한다

사춘기의 2차 성징은 신체 변화만 일으키는 것은 아니다. 몸의 변화만
큼 마음에도 많은 변화가 일어난다. 작은 일에도 짜증이 나고 싸움이 생
기기도 하다. 정확히 내가 뭘 원하는지 알 수도 없다. 이렇게 감정변화가
심한 것은 성 호르몬의 활동 때문이다. 누구나 겪는다고 하지만 당사자
는 당황스럽다.

다은이는 6학년이 되며 1년에 11cm가 자랐다. 친구들은 너무 부러워한
다. 그러나 다은이는 급격한 성장과 변화로 가만히 있어도 힘들 때가 많
다. 무릎도 자주 아프다. 엄마 아빠가 봄에 사준 옷이 팔이 짧아졌다. 인
터넷 쇼핑몰에서 모처럼 맘에 들었던 옷인데 아깝다. 키가 크면서 너무

피곤하다. 잠이 자꾸 쏟아진다. 몸이 힘드니 작은 일에도 짜증이 난다. 자꾸 예민해진다. 시간이 지나면 친구나 가족에게 짜증을 낸 것이 미안하고 후회된다. 그러나 미간에 자국이 날 정도로 찌푸린 얼굴이다.

오늘 아침도 그렇다. 늦잠을 자서 세수도 못 하고 학교를 가게 생겼다. 엄마는 아침에 10번도 넘게 깨웠다고 하신다. "내가 알아서 해."라고 해도 계속 잔소리를 하신다. 이런 일이 아침마다 반복되고 있다. 카톡도 해야 하고, 숙제도 챙겨야 하고 일찍 잘 수 없는 환경인데 어쩌란 말인가. 엄마와의 말싸움은 학교를 가기 위해 화장할 때도 마찬가지이다. 엄마는 학교도 지각하게 생겼는데 눈썹을 그리게 생겼냐고 한다. 다른 아이들은 풀메이크업을 하는데 다은이가 집착하는 것은 눈썹뿐이다. 엄마를 닮아 눈썹이 너무 흐리다. 이럴 땐 아빠의 짙은 눈썹이 부럽기만 하다. 다은이가 눈썹을 안 그리고 집밖으로 나가는 것은 벌거벗고 돌아다니는 것과 같다. 다은이의 불만은 엄마가 담임 선생님한테 아파서 늦게 간다고 문자 하나 안 보내는 거다. 다른 친구들은 늦잠을 자면 병원에 들러서 진료 확인서를 받아서 내는데, 나만 지각하게 생겼다.

몸이 변화와 더불어 심리적, 정신적인 변화도 일어난다. 청소년기는 사회인지가 본격적으로 발달하는 시기이다. 사회인지란 '자신과 타인의 역할이나 관계를 비롯하여 타인의 생각과 감정, 의도, 사회적 행동 등을 이해하는 능력'이다. 살아가면서 원만한 대인관계를 유지하거나 사회생활을 이어나가는 데 중요하다. 이 사회인지가 발달하는 과정에서 '자아중심성'이 나온다. 자신이 세상의 주인공인지 안다는 거다. 나 스스로 특별한 존재라고 여기는 과장된 자의식 상태가 된다.

다은이가 눈썹을 안 그리면 집밖에 못나가는 것은 이래서 생기는 현상이다. 주변 사람들이 다 자신을 보고 있다고 생각하기 때문이다. 사실 사람들은 다은이에게 관심이 없다. 나도 그렇다. 그러나 다은이의 생각은 다르다. 사람들이 본인을 어떻게 생각할지가 너무 걱정이다. 다은이는 주위 모든 사람이 자신의 외모에서 나타나는 결함에 주목한다고 생각한다. 그래서 거울을 끼고 사는 것이다.

사춘기 청소년들이 나 자신을 부끄럽게 생각하는 것은 성교육적 측면에서도 옳지 않다. 신체에 대해 긍정적이면 사춘기 변화도 긍정적으로 받아들인다. 사춘기는 어른이 되기 위한 과정이다. 나의 몸은 소중하다. 이런 이야기를 아이들과 해야 한다.

누구에게나 오는 사춘기지만. 사람마다 속도도 시기도 다르다. 성장에는 개인차가 있다. 월경과 몽정도 마찬가지다. 월경은 대부분의 여성에게 일어나는 생리현상으로 아주 자연스러운 것이다.

월경은 호르몬에 의해 두꺼워진 자궁점막이 출혈과 함께 질을 통해 배출되는 생리적인 현상이다. 주기는 사람마다 다르지만 보통 28~30일 주기이다. 첫 월경을 초경이라고 한다. 초경은 사람마다 다르다. 때로는 기후나 환경, 식생활에 따라 달라지기도 한다. 보통 12~15세에 시작한다. 반에서 제일 큰 가은이는 아직 월경을 시작하지 않았다. 질 분비물이 팬티에 묻어나기 시작했다. 엄마는 조만간 초경을 시작할 것이라고 준비해야 한다고 하셨다.

아빠와 따로 사는 영우도 조만간 몽정을 할 것이다. 가은이의 초경이나 영우의 몽정 모두 성장의 증거이다. 털 때문에 고민하던 영우의 사정을 알게 된 아빠는 영우와 많은 이야기를 하였다. 몽정은 자고 있는 동안 정액이 나오는 것을 말한다. 어디서 들은 것인지 영우는 야한 꿈을 꾸면 몽정을 한다고 알고 있었다. 그러나 몽정과 야한 꿈은 전혀 관련이 없다.

몽정은 남성의 몸에서 일어나는 생리조절 현상일 뿐이다. 정소는 정자를 생산하고 수송한다. 부정소는 정자를 저장하는데, 정자가 충분히 만들어지면 몽정을 통해 내보내기도 한다. 남성의 몸이 성숙하고 2차 성징이 시작되면서 정자를 만들고 몽정을 하기도 하지만, 몽정을 경험하지 않는 경우도 있다. 사정을 미리 하면 몽정을 안 하기도 한다. 때론 쌓인 정자가 몸 안에 흡수되기도 한다. 축구를 하거나 격한 운동을 하면 적은

양의 정액이 나오는 경우도 있다.

월경과 몽정. 2차 성징의 시기와 속도가 다르듯이 양상도 다르다. 다은 이는 언니가 2명 있다. 큰언니는 월경을 중학교 3학년 때 시작하였다. 생리의 양도 작고 생리통도 없다. 그러나 작은언니는 다르다. 중학교 1학년 때 초경을 했다. 가족들은 작은언니가 월경 중인 것을 안다. 생리의 양이 너무 많아 첫날이면 항상 이불빨래를 하기 때문이다. 심지어 생리통도 심해서 시중에 나오는 모든 약을 달고 산다. 언니들 덕분에 다은이는 누구나 한다는 월경도 오는 형태가 다 다르다는 걸 알고 있다.

첫아이가 초등학교 입학을 앞두고 있다면, 모든 부모가 설렐 것이다. 무엇을 준비해야 할지도 고민할 것이다. 책가방도 살 것이고, 신발주머니와 실내화도 준비할 것이다. 먼저 학교를 보낸 친구들을 수소문해서 필요물품 리스트를 준비할 것이다. 연필에 이름을 다 써서 붙이고, 노트도 이름을 크게 쓸 것이다. 견출지에 손수 쓰지도 않는다. 요즘은 네임스티커를 이용해서 아이 이름을 출력한다.

물건만 준비하는 것은 아니다. 초등 교육과정에 맞추어 공부도 해야 한다. 받아쓰기는 기본이고, 독후감 쓰는 것도 준비시킨다. 교내 대회를 겨냥해서 미리 미술학원도 보내고, 피아노도 가르친다. 해마다 4월에 있다는 과학대회 준비도 빠질 수 없다.

　사춘기 준비도 마찬가지이다. 시기와 속도가 다른 사춘기라는 것을 우리는 안다. 신체적인 변화와 더불어 마음도 변한다. 성 호르몬과 전두엽 때문이다. 우리가 너무 오래전에 겪어 기억이 안 날 뿐 어른들도 당황스러운 일투성이였다. 2차 성징은 누구나 온다. 그러므로 사춘기가 오기 전 알아야 할 것들을 챙겨보자.

3

생리를 시작한 너에게

사춘기의 생리는 당황스럽다,
어른이 되어도 마찬가지다

살면서 내가 정상인 건지 궁금할 때가 많았다. 내가 학창시절을 보낼 때는 생물시간 유전과 함께 정자와 난자의 만남을 배운 것이 다였고, 성교육은 낙태예방 비디오를 봤었다. 간호학과에 진학해서도 마찬가지이다. 간호학과에 성교육 과목은 없다. 간호학에서는 인간의 몸을 배울 뿐이다. 다만 수업시간에 여성들이 28~30일 주기로 생리를 한다는데, 나는 그렇지 않았다. 원래대로라면 1년에 12번 생리를 해야 하는데, 평생 그렇게 한 적이 없었다.

10년 전 같이 근무한 동료들과 여행을 가기로 했다. 한 친구는 전주에서, 다른 친구는 군산에서 온다. 우리는 강화도의 자연휴양림을 예약했다. 오래된 친구를 만나면 좋은 점이 있다. 그들이 늙더라도 내 눈에는 10년 전 뽀샤시한 이미지로만 느껴진다. 친구들 눈에는 나도 그렇게 보이지 않을까 생각한다. 수도권에서 만나니 내가 운전을 했다. 강화대교를 건너가니 한 시간 거리이다. 숙소에 짐을 풀고 천천히 산책도 다니고, 서해를 바라보며 회도 먹었다. 저녁이 되어 바비큐를 즐기며 이불을 폈다. 군산에서 온 친구가 말한다. "너네들 만나는 것만 아니면 나 안 왔을 거야." 나는 왜 그런지 물었다. 지금이 친구가 생리기간이라고 한다. 친구는 평생 28일 주기로 날짜도 정확하고, 생리양도 엄청나게 많다고 한다. 잘 때 팬티형 생리대가 아니면 누울 수 없을 정도라 했다. 그래서 생리 중일 때는 집밖을 잘 나가지 않는다고 한다. 10여 년 전 근무할 때는 낮에만 같이 있으니 처음 듣는 말이다. 이야기를 들으니 신세계였다. 반대로 난 평생 생리주기가 불규칙했고, 생리대를 사본 적이 없다. 팬티라이너로 충분했다. 내가 홈쇼핑에서 생리대를 처음 구입한 것은 딸의 초경 이후였다.

10대에서 시작한 생리는 보통 50대에 끝난다. 평균 40년을 매달 생리를 하는 것이다. 그러나 모든 여자는 할 때마다 생리가 궁금하다. 여자의 자궁 크기는 본인의 주먹 크기와 비슷하다. 그런데 생리를 할 때는 자궁 주변의 혈관이 확장된다. 혈액이 들어와서 자궁이 부풀게 되고 자연스레 자궁 주변은 눌리게 된다. 우리가 생리를 할 때 아프고 불쾌한 느낌이 드는 것은 이 때문이다. 군산에서 온 친구는 생리통도 엄청나다고 했다. '타이레놀'이나 '그날엔'으로는 어림없다고 했다. 그러나 누구나 생리통을 겪는 것은 아니다. 나와 딸은 생리통이 전혀 없다.

생리를 할 때 주먹만 하던 자궁이 부푼다. 원래 크기로 돌아가기 위하여 '프로스타글란딘'이라는 호르몬이 일을 한다. 이 호르몬은 자궁을 빨래 짜듯 쥐어 짠다. 그래서 생리통이 생긴다. 나는 생리통은 없지만, '프로스타글란딘'이 자궁뿐 아니라 자궁 근처 장기까지 같이 쥐어짜기 때문에 배가 부글거리는 느낌이 있다. 수분을 흡수할 시간이 없으니 설사도 한다. 이 느낌이 더 싫다.

전주에서 온 친구가 말한다. 딸 현정이는 생리를 할 때마다 변비가 온다고 힘들어한다고 한다. 그보다 더 투덜거리는 것은 학교에서 배울 때는 생리혈이 내 몸에서 가장 깨끗하고 영양분이 많다고 했는데 자기는 색이 검다고 한다. 현정이 생각에는 선짓국을 먹을 때의 선지를 떠올린 것 같다.

현정이처럼 생리혈이 갈색이거나 검게 보인다고 걱정하는 친구들이 생각보다 많다. 생리혈 양이 적거나 피가 나오는 속도가 느리면 자궁 안에 피가 고여 있게 된다. 혈액 속의 철분이 파괴되니 당연히 피가 갈색으로 보인다. 이것은 생리양이 적은 나도 항상 겪는 일이다. 보통 양이 작은 생리 끝에 이런 경우가 많다. 반대로 군산 친구처럼 양이 많고 빨리 나오면 생리혈이 빨강색이다.

바비큐를 먹으며 시작한 생리 이야기가 밤새 계속되었다. 현정이 엄마가 말한다. "아빠가 교장선생님이었잖아. 아빠가 후배 교장들 카톡에서 나온 걸 말해줬는데 이해가 안 가더라고." 현정이 외할아버지는 초등학교 교장선생님이었다. 지금은 정년퇴직을 한 상태이다. 해마다 직업만족도 조사에서 초등학교 교장은 상위권을 도맡아 한다고 했다. 그러나 요즘은 초등학교 교장선생님들도 명예퇴직을 많이 한다고 했다.

후배 교장선생님의 교장실로 학부모의 전화가 왔다고 한다. 이름을 밝히지 않은 학부모는 교장실로 전화를 하자마자 막 퍼부었다. 요지는 "내 딸이 생리를 하는데, 왜 생리대를 자주 갈아야 하는 것을 말해주지 않느냐!"고 항의했다고 한다. 처음에 교장선생님은 아이가 학교에서 초경을 시작한 것으로 이해했다고 한다. 초등학교에서는 초경을 시작하는 경우가 많아 보건선생님이 도움을 주실 수 있고, 우리 학교 1층 화장실에는 생리대 자판기가 있다고 대답했다고 한다. 학부모의 요구는 아이가 초경을 시작한 것이 아니라 생리혈이 많이 나와 생리대가 넘쳤는데, 왜 담임교사가 이런 것조차 지도하지 않느냐는 것이었다. 이 아이는 초등학교 6

학년이었다. 그 교장선생님은 "어머니, 아이들 팬티 속을 교사가 어떻게 아나요?" 하며, 생리를 할 때 자주 생리대를 가는 것은 우리도 지도하지만, 이런 것들은 가정에서도 교육을 해야 말했다고 한다. 이야기를 들은 우리는 세상에 쉬운 직업이 없다며 고개를 절레절레 흔들었다.

후배 연주를 괴롭히는 것은 과월경과 생리전증후군이다. 한 달에 보름 이상 생리가 콸콸 나오고 헤모글로빈 수치가 떨어져 주기적으로 수혈을 받는다. 그런 연주도 과월경보다 생리전증후군이 더 힘들다고 한다. 배란을 하고 생리를 시작하기 전까지 연주는 편두통에 시달린다. 운 좋게 전조증상이 있을 때 약을 먹으면 나아지지만, 아니면 생리를 시작할 때까지 눈을 뜨지도 못한다고 한다. 그나마 연주의 사정은 낫다. 연주는 산부인과 간호사이다. 본인이 생리전증후군이 특별한 병이 아님을 알고 있다. 단순히 호르몬의 변화로 일어난 일시적인 현상임을 안다.

많은 여성들이 생리통을 겪고 있다. 어른들은 자신의 몸 상태를 잘 알고 있다. 그러나 사춘기 아이들은 다르다. 사춘기 2차 성징의 변화도 당황스럽다. 그러나 생리의 주기도, 시기도 다른 자신의 몸이 더 당황스럽다. 생리통도 그렇다. 운 좋게 생리통을 겪지 않는 친구들이 있기도 하다. 생리통의 원인은 자궁과 근처 장기를 쥐어짜는 '프로스타글란딘' 때문이다. 이 '프로스타글란딘'이 안 나오게 하는 약을 미리 먹으면 생리통이 덜 하다. TV를 보자. '두통, 치통, 생리통엔 ○ ○ ○' 하는 약들이 많다. 소염진통제다. 이 약들이 도움이 된다.

간단한 스트레칭을 하거나 운동을 하는 것도 도움이 된다. 인스턴트와 가공식품은 생리통에 좋지 않다. 따뜻한 물과 음료, 영양소가 풍부한 음식이 좋다. 비타민과 미네랄이 풍부한 녹황색 야채와 과일을 골고루 먹자. 철분이 풍부한 해조류와 양질의 단백질도 사춘기 생리를 경험하는 청소년에게 도움이 된다.

4

이제는 제대로 하자, 자위 이야기

사춘기,
자위학교를 다녀보자

사춘기 성교육은 내 몸을 아는 것부터 시작한다. 따라서 월경과 몽정, 자위에 대한 이야기가 빠지지 않는다. 대부분이 남녀공학인 시대다. 이런 교육은 남자 따로, 여자 따로 받는 것이 좋을까? 딸을 키울 때 초경 준비를 하는 것처럼, 아들을 키울 때 휴지를 선물하라는데 맞는 말일까?

수정이는 고등학교 동창이다. 독신주의자였다. 혼자 90살까지 살 때를 대비해서 혼자만의 노후도 잘 준비하고 있던 친구였다. 그런 수정이가 결혼을 했다. 결혼을 하며 딩크족이 될거라고 외치던 수정이는 40대 후반에 두 아이의 엄마가 되었다. 우리 친구들이야 아이를 다 키웠지만, 다 늙어서 육아를 하는 수정이는 체력적으로 너무 힘들어한다. "지나고 보니까 말이야, 너희 다 대단한 것 같아. 어린 나이에 아이를 키운 거잖아."
하며 없던 존경심도 드러낸다. 자유로운 영혼이었던 수정이가 두 아이를
키우며, 직장생활에 독박육아를 하는 것을 본 우리는 펜션을 예약해서
같이 여행을 갔다. 수정이의 두 아들은 아빠 없이 엄마와 엄마 친구들과
의 여행이 어색했었나 보다. 차 안에서 조용하던 아이들은 펜션에 도착
하자마자 TV 앞으로 달려갔다.

아이들 저녁을 먼저 챙겨 먹이고, 우리끼리 식사준비를 하고 있었다.
TV 앞의 6살, 3살 아이는 어린이 프로에서 눈을 떼지 못하고 있었다. TV
안으로 빨려들어갈 기세였다. 그 순간 6살 큰 아이의 손이 바지 안으로
쑥 들어갔다. 조몰락조몰락. 동시에 수정이도 같이 아들의 손을 목격했
다. 수정이의 얼굴이 굳는 그 순간, 내가 말했다. "수현아, TV 재미있어?
이거 얘가 주인공이지?" 하자 수현이가 대답하며 손을 뺀다. 나는 아이
들과 이 프로가 더 재미있다, 아니다, 3월에 영화로 나온다 등을 이야기
하다 저녁을 먹으러 나왔다.

수정이는 아까 너무 당황했다고 말했다. 남자아이들이라 그런지 집에
서 자주 성기를 조몰락거린다고 했다. 학부모 교육에서 배운 대로 주의
를 다른 데로 돌리라고 해서 아이의 손이 바지 안으로 들어가면 다른 즐
거운 자극을 줬다고 한다. 그런데 집 밖에서도 이러니 당황스럽다며 혹

시 유치원에서도 이랬던 것은 아닐까 걱정했다.

그러자 유치원 교사로 일하다 퇴직한 다른 친구 하나가 말한다. "나 딸만 둘이잖아. 당연히 유치원에서도 많이 자위를 하지."라며 남자 여자 가릴 것이 없다고 한다. 유치원에서도 아이가 자신의 성기를 만지거나 비비고 있으면 블록을 가져오라고 하든지 해서 주의를 돌려준다고 했다. 물론 이런 것들도 다 성장의 과정이라며 수정이에게 너무 걱정하지 말하고 말했다.

그렇다. 사춘기 남자 아이들만 자위를 하는 것은 아니다. 남녀 모두 한다. 유치원에서 여자 아이가 책상 모서리에 몸을 문지른다든지, 성기를 만진다든지 하는 일은 모두 자연스러운 일이며 자연스러운 행동이다. 목격을 하게 되는 어른들도 자연스럽게 받아들여야 한다. 그러나 사춘기 자위는 지켜야 할 예절이 있다.

바로 자위 에티켓이다. 많이 들어봤을 것이다. 자위는 사적인 공간에서 해야 한다, 우리가 화장실에서 대소변을 볼 때 광장에서 하지 않는 것과 같다. 남이 원하지 않는데 자위하는 행위를 보여주는 것도 성폭력이다. 유치원에서 성교육을 할 때 속옷을 입는 곳은 소중한 곳이라는 이야기를 한다. 이것은 어른도 사춘기도 마찬가지이다. 따라서 속옷 안의 성기를 만질 때에는 손을 씻어야 한다. 청결 유지가 필수이다. 안전한 자위 또한 필요하다. 자위 역시 내 몸의 안전이 먼저 확보되어야 한다. 성기가 다치지 않도록 손톱을 짧게 깎는 것이 좋다. 일상생활에 지장이 있도록 몰입될 필요도 없다. 타인이 원하지 않는데 자위를 보여주는 것이 성폭력인 것처럼, 자위 후 정리되지 않은 자리는 남에게 불쾌감을 준다. 화장실 사용 후 물을 내리는 것처럼 뒷정리도 내 몫이다.

수정이가 말한다. "우리 학교 다닐 때, 기억나? 우린 여자중학교니까 당연히 초경과 월경에 대해서 배웠잖아. 근데, 우리 남편에게 물어보니 남중인데 그런 교육을 받은 적이 없다고 하더라고 우리 아이들 시대는 다르게 살았으면 좋겠어."라고 한다. 수정이와 난 같은 중학교를 다녔지만, 월경교육을 받은 적은 없다. 국어 선생님이 수업 후 나가시면서 다음 시간 남자선생님 시간이니까 너네 생리 냄새 난다며 환기하라고 해서 광분했던 기억만 있다.

요즘 학교에서는 '학교 성교육 표준안'에 의하여 전 과목에 걸쳐 성교육을 하고 있다. 초경교육이나 월경과 관련한 교육도 많다. 당연히 여자, 남자 모두 배운다. 물론 자위에 관한 내용도 있다.

수정이는 "자위학교가 있었으면 좋겠어. 부모의 몫인 거는 아는데, 나도 교육이 필요해."라고 한다. 우리는 자위학교가 있다면 무엇을 교육과정에 넣을까 수다를 떨었다. 한 친구는 '자위하는 법', '어떤 제품의 크리넥스가 좋은가'를 말했다. 다른 친구는 '자위에 대한 오해와 진실'이라고 한다. 또 다른 친구는 "아, 어른을 위한 자위수업 어때?" 한다. 우리는 까르르 웃었다. 이 친구는 설명을 덧붙인다. "그거 알아? 콘돔은 연령에 상관없이 누구나 살 수 있잖아, 그런데 바이브레이터는 비싸기도 하지만 성인용품이라 애들은 못 사거든."

우리가 자위에 대하여 생각하는 오해는 대부분 비슷했다.

자위는 남자만? 아니다. 자위는 여자, 남자 모두 한다. 사춘기 청소년만 하는 것도 아니다. 자위란 스스로 성적 욕구를 충족시키는 행동을 말한다. 아주 어린 아기도, 나이가 많은 어른도 누구나 할 수 있는 것이다.

남학교에서 가장 많이 하는 질문은 자위를 하면 키가 안 크냐는 것이다. 그런 이야기는 내가 중학교 때도 들어봤던 이야기다. 잠시 생각을 해보자. 키는 성장호르몬의 영역이다. 자위는 성 호르몬의 영역이다. 따라서 키와 자위는 아무런 상관이 없다.

자위를 하면 생식기가 검게 변한다는 이야기를 들었다. 성기의 색은 사실 태어날 때부터 정해진다. 단지 2차 성징이 되며 자신의 본래의 색이 나타날 뿐이다. 자위 횟수나 성관계 횟수와는 아무런 상관이 없다.

자위를 하면 성기가 휜다는 속설도 있다. 어떻게 생각하는가? 사실 사람의 몸은 그렇게 쉽게 변하지 않는다. 큰 자극이 아니라면 태어난 모양 그대로 유지된다. 2차 성징을 맞이하며 몸은 조금씩 변한다. 단지 예전과 다르게 보일 수는 있어도 모양이 변하지는 않는다. 자위에 대한 고민은 어느 교육에서나 빠지지 않는다. 먼저 자위는 자연스러운 행동이라는 것을 잊지 않으면 된다.

5

포경수술의 정체를 알아보자

사춘기,
포경수술이 통과의례?

　사춘기가 되어 2차 성징이 시작되면 여자 아이들은 초경, 남자 아이들은 몽정, 자위와 더불어 포경수술에 대한 이야기를 많이 한다. 대개 중학교 입학을 하기 전에 하는 추세이기도 하다. 하지만 요즘은 예전처럼 초등학교 고학년 때 무턱대고 수술을 하지는 않는다. 성인이 되어서도 귀두가 분리되지 않을 때 본인의 선택대로 수술을 하기도, 안 하기도 하는 것이다.

　『마케터의 일』이라는 책의 한 구절이다. '할까 말까 할 땐 하고, 살까 말까 할 땐 사세요!' 성인이 되어서의 모든 판단은 이 구절이 맞다. 그러나 자녀의 포경수술도 그럴까? 해야 하나, 말아야 하나라는 고민이 포경수술을 해야 하는 것으로 귀결되는 게 아이의 입장에서도 옳은 건지는 생각을 해봐야 한다.

아들이 초등학교 6학년일 때의 일이다. 동네에서 겨울방학에 한꺼번에 포경수술을 하는 게 어떠냐는 의견이 나왔다. 내게 전화한 아들의 친구 엄마는 초등학교 1학년 때부터의 친구들이니 이왕 고생하는 거 다 같이 겪는 게 낫지 않겠냐고 했다. 순간 마음이 흔들렸다. 방학이 되면 캠프며, 스키며, 태권도 학원부터 몰려다니는 아이들이니 말이다. 나는 사실 포경수술은 필요치 않다고 생각하고 있었지만, 남편과도 상의해보고 아들과도 이야기해서 말해주겠다고 하고 전화를 끊었다.

살면서 남편의 포경수술이 궁금한 적은 없었다. 저녁을 먹으며 오늘 이런 전화가 왔다고 말했다. 남편은 군대 다닐 때 수술을 했다고 한다. 카투사로 근무를 한지라 주말마다 외박을 나온 남편은 그 당시 의대를 다니던 친척에게 받았단다. 왜 했냐고 하니까 그날 수술을 하면 무료라서 했다고 했다. 지금 생각해보니 자기는 포경수술이 필요 없는 사람이었는데, 주변 사람들이 다 하니까 그냥 해야 되는 건가 했단다. "아니, 대학 가서 보니까 상태나 진혁이 모두 다 했더라고. 나만 안 하니까 이상하기도 하고, 결혼하기 전에 하는 게 맞대잖아." 한다. 시간이 지나고 나니 '예비군 훈련 가서 할 걸'하는 후회가 있었다고 한다. 예비군 훈련을 가서

수술을 하면 바로 귀가라서 너무 부러웠다는 것이다.

의학적으로 '포경'은 음경꺼풀의 입구가 좁아져서 귀두 뒤쪽으로 젖혀지지 않은 상태이다. 신생아 때는 음경의 포피가 음경의 끝부분인 귀두와 붙어 있다. 이건 정상이다. 대개 크면서 자연포경이 된다. 20세 이후에 귀두를 감싸는 피부를 잡아당기면 통증 없이 귀두가 드러난다. 이게 자연포경이다. 진성포경은 피부를 당겼을 때 아프고 귀두가 일부만 보이는 경우이다. 이런 경우는 발기를 할 때도 통증이 있다. 진성포경은 포경수술이 필요하다.

포경수술은 음경포피를 완전히 젖혀서 음경의 끝인 귀두가 드러나도록 만드는 수술이다. 그러나 아이가 자연포경인지 진성포경인지는 2차 성징이 끝나야 알 수 있다. 포경수술은 아주 오래된 수술이기는 하다. 6000년 전부터 시작된 기록이 이집트의 유물에서도 나타나고 있다.

이제 3살, 6살인 수정이의 두 아들은 귀두포피염이다. 처음에는 소변을 보고 나면 아프다고 울었다고 한다. 샤워를 시키며 보니 음경 끝에 고름이 달려 있어서 병원을 갔다고 한다. 귀두포피염이다. 음경의 끝부분인 귀두와 그 귀두를 덮고 있는 피부인 음경포피에 염증이 생긴 것이다. 음경 끝이 빨갛게 붓고 아파하는 것이다. 그러니 소변을 볼 때마다 너무 아파했을 것이다. 사실 원인은 세균감염이 가장 흔하다. 포경수술을 받으면 낫기는 하지만 3살, 6살이 수술을 받기에는 너무 어리다. 적절한 위생이 더 중요하다. 깨끗이 씻고, 약을 바르고 먹는 것이다. 귀두포피염이 자주 재발한다면 염증이 가라앉은 후 포경수술을 하는 것을 권장하기도 한다. 수정이의 두 아들도 사춘기 시기에 수술을 하라고 권했다고 한다. 아직 성장이 끝나지 않은 아이들이니 지금 수술을 하면 포피를 너무 많이 잘라내는 위험이 있다. 그래서 가장 적절한 시기는 2차 성징이 일어날 즈음이라고 비뇨기과에서 말했다는 것이다. 덕분에 수정이는 요즘 아이를 씻길 때 음경 끝을 가장 신경 쓴다고 한다. 아직 어리니 샤워할 때마다 귀두 끝을 당겨서 씻기고 말리는 것은 기본이다.

의학적 측면에서 포경수술의 가장 큰 장점은 귀두포피염의 예방이다. 음경에서 나오는 평상시의 분비물이 염증을 일으키는 경우도 있다. 그러나 포경수술이 음경암의 위험성을 낮춘다고 한다.

포경수술을 하게 되면 약을 먹는다고 해도 아프고 움직이는 데 불편한 것은 사실이다. 포경수술 후에는 충분한 휴식이 필요하다. 2차 성징이 끝난 20세 이후 수술하는 것이 좋기는 하다. 하지만 청소년처럼 방학 동안 쉴 수 없는 성인은 수술 후 충분한 휴식을 취할 수 없는 경우가 많다. 그래서 아들 친구 엄마의 제안에 흔들렸다.

포경수술을 하지 않으면 사실 관리가 잘되지 않아 염증이나 습진 등 피부질환이 있을 수 있다. 일반적으로 여름에 땀띠가 나는 것처럼 말이다. 특히 소변이 나오는 곳이다. 위생이 아주 중요하다. 그래서 비뇨기과에서는 청결유지를 위하여 수술을 권하는 경우도 있다. 대부분 청결하게 잘 관리하는 사람도 소변이 나오는 음경까지는 잘 신경 쓰지 못한다. 포경수술을 하기 전 귀두 밑 부분의 좁쌀 같은 곳에서 분비물이 나온다. 음경포피가 덮여 있는 상황에서 그 안쪽에 하얗게 무엇인가가 끼어 있는 경우가 많다. 구지(Smegma)라고 한다. 냄새의 원인이 된다.

평상시 샤워를 할 때의 위생관리가 가장 중요하다. 귀두가 나오도록 포피를 잡아당긴 후 비누로 살짝 닦아준 후 잘 헹구어주는 것이 좋다. 매일 아침 세수를 하듯이 매일 씻어주는 게 가장 중요한 일과이다.

저녁을 먹으며 우리의 이야기를 들은 아들은 포경수술을 하고 싶지 않다고 했다. 들어보니 아빠처럼 자연포경이 될 확률이 높은데, 미리 수술하고 싶지 않단다. 대신 남편은 아들에게 말했다. "수술을 하고 싶지 않은 너의 결정을 존중한다. 대신 네가 자연포경인지 진성포경인지는 20살이 넘어야 알 수 있겠지. 다만 그 기간 동안 청결에 신경을 써야 해."

결국 아들은 수술을 받지 않기로 했다. 일단 겁도 났다. 친구들이 다 같이 한다니 마음이 동한 것은 사실이지만 엄마 아빠의 이야기를 들어보니 20살 이후에 자기가 결정하겠다고 한다.

　음경의 끝인 귀두와 귀두포피 사이에는 공간이 있다. 이물질이 끼거나 세균이 들어갈 수 있는 것이다. 아침에 일어나면 씻듯이 매일 샤워할 때 포피 안쪽까지 깨끗하게 씻어주는 것이 중요하다. 자신의 몸과 청결을 관리하는 것도 사춘기 청소년이 해야 할 일이다.

6

초경 이후 생리를 안 한다면

사춘기 생리는
개인차가 있다.

초경 이후 생리가 나오지 않거나, 불규칙하게 나오거나 피가 조금 비치고 마는 경우가 있다. 부모 입장에서는 걱정이 될 수밖에 없다. 고민을 하다가 산부인과에 가보면 바로 검사를 하기보다는 아직은 어리니 조금 더 기다려보자는 이야기를 듣는다.

내가 그랬다. 키만 쑥 크고 반에서 제일 늦게 초경을 시작했다. 그러나 초경 이후 고등학교 1학년이 되어도 생리를 하지 않았다. 처음에는 크느라 그렇겠지 하던 엄마와 할머니는 6개월이 지나자 너무 걱정을 하셨다. 동생이 초등학교 5학년 때 생리를 시작한 것에 비하면 나는 많이 늦은 편이었다. 그 당시는 산부인과를 가기보다는 한의원에 가는 것이 더 익숙

했다. 한의원에 가면 맥이 약하다며 한약을 처방해주었다. 신기하게도 한약을 먹는 동안에는 생리를 했다. 약이 떨어지면 생리도 같이 끊겼다.

내가 그나마 생리가 규칙적으로 변한 것은 둘째를 출산한 후였다. 물론 그 규칙적인 것도 남과는 달랐다. 40일이 넘는 주기였다. 1년에 12번 생리를 한 적은 평생 없다. 항상 생리주기가 불규칙하니 기록은 내게 필수였다. 40대 후반이 되면서 나의 생리주기는 더 불규칙해졌다. 어쩔 때는 이게 생리인지 부정출혈인지 고민이 되기도 한다.

주란이의 고민이 이랬다. 중학교 1학년 때 초경을 했는데, 1년 동안 생리를 하지 않는다는 거다. 엄마는 크는 과정이라고 좋아진다고만 하시는데 주란이 나름대로 고민이 크다. 인터넷을 찾아보면 본인은 속발성무월경인 것 같다. 그러나 주란이는 다이어트를 심하게 하거나 심한 운동을 하지도 않았다. 스트레스가 원인이라는 게 좀 걸리긴 하지만 지금 상황이 스트레스다. 주란이는 생리가 벌써부터 규칙적인 친구 영선이가 부럽기만 하다.

보통 12~13세 정도에 초경을 시작한다. 대부분 만 15세까지는 초경을 한다. 그런데 모든 사춘기 아이가 어른처럼 규칙적인 생리주기를 가지는 것은 아니다. 2차 성징을 거친다는 것은 임신의 가능성이 있다는 거다.

가임기 여성의 자궁내막은 주기적으로 분비되는 호르몬에 의해 증식된다. 수정란의 착상을 준비하는 것이다. 임신이 되지 않으면 자궁내막이 저절로 탈락된다. 이게 월경이다. 사춘기가 되었다고 해서 성인처럼 바로 시스템이 돌아가는 것은 아니다. 뇌하수체, 시상하부, 난소를 중심으로 호르몬 분비 체계가 서로 균형을 이루며 어른이 되어가는 것이다. 그래서 사춘기에는 초경 이후 생리를 안 하거나, 생리가 불규칙한 증상이 자연스러울 수 있다.

생리는 호르몬에 의해 조절된다. 생리를 조절하는 호르몬은 시상하부-뇌하수체-난소로 이어지는 성선축이라는 시스템에 의해 분비된다. 이 시스템은 보기보다 아주 정교하다. 이 시스템이 조금만 어긋나도 생리불순이나 부정출혈 등 여러 가지 증상이 나타나는 것이다. 주란이처럼 초경을 하더라도 이 성선축이 완전히 완성되기 전까지는 시간이 좀 걸린다. 그래서 초경을 하고 1년 동안은 생리가 불규칙할 수 있다.

생리가 정해진 주기에 잘 맞는 아이들도 있다. 반면 나와 주란이처럼 생리주기가 불규칙한 사람들도 있다. 주기가 규칙적이든, 불규칙적이든 나의 주기를 잘 아는 것이 중요하다. 주기를 알아야 나의 상태를 잘 알 수 있다.

생리주기가 21일 미만이거나 40일 이상이라면 생리불순이라 한다. 한 달에 15일 이상 생리혈이 나온다면 과월경이라고 한다. 생리주기의 3배 만큼 생리가 없었다면 무월경이라고 한다. 이런 생리불순이나 무월경이 점점 늘어나고 있는 추세이기는 하다.

주란이처럼 초경 이후 1년간 생리가 아예 없는 경우가 정상일까? 내 경우는 정상이었다. 난 심지어 호르몬 수치도 정상이다. 난소도 그렇다. 그러니 아이를 2명이나 출산할 수 있었을 것이다. 그러나 주란이도 그럴까? 주란이 엄마 말처럼 사춘기니 그냥 지켜보는 것이 정답일까? 초경 이후 1년간 생리불순은 단순히 성선축이 충분히 성숙되지 않아 일어난 것이라면 정상일 것이다. 그러나 다낭성난소증후군이거나 난소발육의 문제라면 그렇지 않을 것이다. 이런 경우라면 빠른 진단과 치료가 필요하다.

2차 성징을 맞이하는 사춘기 청소년은 대개 만 13세 이후 초경을 시작한다. 이때까지 초경을 하지 않거나 2차 성징이 나타난 후 15세까지 초경이 없는 경우 원발성무월경이라고 한다. 대개 이런 원발성무월경의 원인은 가족력이다. 때로 발달이 늦거나 생식기 발육이상이 원인이다.

그러나 초경 이후 생리가 없거나 보통의 생리주기보다 3배 이상 되는 경우를 무월경, 특히 속발성무월경이라고 한다. 이 속발성무월경의 원인은 대개 스트레스와 다이어트, 건강이상, 환경의 변화이다. 속발성무월경은 과도한 스트레스나 만성질환, 자가면역질환, 신경성 식욕부진, 난소의 기능저하, 갑상선 기능저하증 등 여러 원인으로 나타날 수 있다. 과도한 스트레스나 급격한 체중변화, 과도한 운동, 무리한 다이어트 등으로 호르몬 분비가 일시적으로 흐트러져 생리가 불규칙해지는 경우도 무월경의 원인이 된다.

혜진이는 고등학교 2학년이다. 영선이의 언니다. "다이어트를 심하게 했더니 3달째 생리가 안 나와요."라고 말한다. 무용을 하는 혜진이는 몸무게 관리가 평생의 과업이다. 같이 무용을 하는 다른 친구들도 비슷한 경험을 하고 있다고 한다. 주란이도 혜진이도 속발성무월경을 겪고 있다. 생리기간은 결국 배란과 밀접한 관련이 있다. 뇌신경이 신호를 보내면 배란을 하고, 배란을 하면 생리를 시작한다. 뇌신경은 먹고, 자고, 생존에 필요한 모든 것을 관장한다. 혜진이처럼 무리한 다이어트를 하면 뇌신경이 활동을 중단한다. 그래서 일시적으로 배란이 중단되는 것이다. 이는 스트레스를 받거나 무리한 운동 등을 할 때도 같다. 스트레스를 많이 받으면 생리를 안 하거나 생리양이 과도하게 많아지기도 한다.

또는 난소의 문제로 무월경이 오기도 한다. 난소는 생리를 하도록 여성호르몬을 분비하는 기관이다. 난소가 불안정하면 생리가 나오지 않는다. 그러므로 몸을 따뜻하게 하는 것도 좋다. 냉증이든 아니든, 몸이 차가우면 냉도 나오게 된다. 결국 뇌신경이상이든 난소 문제이든 생리불순이 건강의 적신호인 것은 맞다. 따라서 초경 이후 생리주기를 기록하는 것이 필요하다.

주란이가 계속 걱정이 된다면 병원에서 정확한 검사를 받아보는 것이 좋다. 초음파 검사뿐 아니라 호르몬 검사, 염색체 검사 등 조기 진단과 치료가 필요하다. 그러나 중요한 것은 2차 성징은 개인차가 있다.

7

아직 학생인데, 생리컵을 써도 될까?

사춘기 생리대 선택의 기준은
내 몸의 안전과 편리

여성환경연대는 '모두를 위한 월경권' 캠페인을 했다. 모두가 대안생리대나 안전한 생리대를 누리기 어려운 것이 현실이다. 여성환경연대는 세대, 계급, 장애, 지역, 종교, 성정체성 및 성적지향 등에 관계없이 모두가 자유롭고 안전하게 월경을 할 권리가 있다고 했고 이 권리가 월경권이다. 몇 년 전 생리대 파동도 아직 회자되고 있다. 생리대 파동 이후 마켓에 나오는 생리대 종류는 무척 다양해졌다. 새로운 생리대를 사고 싶은 마음도 있다. 생리컵이 요즘 트렌드라는데 손이 가지는 않는다.

아이들이 가장 많이 묻는 질문 중의 하나는 학생이 생리컵을 써도 되냐는 것이다. 딸도 그런 질문을 했다. 몇 년 전까지만 해도 탐폰을 써도 되냐는 질문이 더 많았다. 세상이 변했나 보다. 생리컵이든, 탐폰이든 일반 생리대이든 내게 맞는 것을 선택하는 것이 좋다.

생리가 시작되면 생리대를 사용해서 옷에 생리혈이 묻지 않게 한다. 생리대는 모양과 크기가 다양하다. 사람에 따라 생리의 양과 생리기간이 다르다. 나에게 맞는 생리대를 선택해서 사용하는 것이 좋다. 대개 일회용 생리대가 많이 쓰인다. 크기에 따라 팬티라이너, 소형, 중형, 대형, 오버나이트, 팬티형이 있다. 날개가 있는 제품도 있다. 생리양이 작거나 생리 끝 무렵 사용하는 것이 팬티라이너이다. 잘 때 사용하는 것은 오버나이트나 팬티형 생리대이다. 제품이 다양하니 사용해보고 나에게 맞는 것을 고르는 것이 좋다.

생리대 가격은 저가가 아니다. 해마다 비싸지고 있다. 2017년 생리대 파동이 있은 후 '유기농'이라고 붙은 생리대의 가격은 더욱 비싸졌다. 일반 생리대를 쓰다가 유기농 생리대를 쓰니 생리통이 줄었다는 이야기가 있은 후 품절 사태도 한동안 지속되었다.

물론 일회용 생리대는 장점이 많다. 사용이 일단 간편하다. 우리의 일상생활을 편리하게 만들어주었다. 다만 그 성분이 안전하지 않다는 연구가 있다. 비용도 비싸다. 생리대 파동 이후 각 지역사회에서는 저소득 여성청소년에게는 실물 생리대를 지급하고 있다. 물론 지역에 따라 카드에 일회용 생리대 구입비용을 넣어주기도 한다. 여성가족부가 하는 이 사업은 어플이나 '복지로'사이트에서 신청이 가능하다. 자격이 변하지만 않는다면 만 18세까지 혜택을 받는다.

고등학교에서 대안생리대 만들기 수업을 진행했다. 동아리 아이들과 아이디어를 내고 수업을 진행했었다. 단체로 만드는 수업이 없다 보니 천 구입에서 바늘, 실까지 발로 뛰어서 재료를 구입해야 했다. 천을 구입해서 자르고, 학생들이 각자 사용할 실을 길이를 재서 자르고, 바늘을 1인 파우치에 넣는 일 모두 아이들의 손으로 이루어졌다. 면 생리대는 일회용 생리대보다 부드럽고 착용감이 좋다. 면 생리대를 사용한 친구들은 생리통도 없어지고 짓무르지 않아서 좋다고 말했다. 하지만 양이 많은 날은 생리가 샐까 봐 불안하다고 한다. 자기 양말조차 빨아보지 않은 요즘 아이들은 면 생리대를 세탁하는 것도 힘들어했다. 면으로 만들다 보니 오래 사용하면 보풀이 나기도 한다. 하지만 한 번 만들면 몇 년을 사용할 수 있으니 경제적이고 환경에도 좋다.

막상 바느질로 면 생리대를 만드니 힘들긴 했다. 망손인 나는 삐뚤빼뚤 내놓지 못할 수준이었다. 재봉틀을 사용할 줄 알면 드르륵 박고 싶었다. 게다가 정작 팬티라이너를 사용하는 나는 사용할 일이 없었다. 하지만 수업을 진행한 후 면 생리대가 좋아서 '한나패드'를 구입한 아이들도 나타났다. 요즘은 면 생리대를 만드는 것뿐 아니라 유기농 뜨개실로 탐폰을 만들고 솜을 채우는 금손들도 있다고 들었다. 면 생리대이든 뜨개실 탐폰이든 나의 몸과 생활습관에 맞는 맞춤형 생리대를 만드는 것, 더불어 환경보호에도 기여하는 것도 좋은 시도라고 생각한다.

탐폰은 막대모양의 솜뭉치이다. 주로 생리기간 중 수영을 하거나 물놀이를 할 때 사용한다. 질 안에 삽입하는 형태라 꺼리는 사람도 많다. 하지만 뒤처리가 깔끔하고 수영이나 과격한 운동을 해도 되므로 선호되는 편이다. 탐폰과 관련하여 드물지만 독성쇼크증후군으로 사망한 사례도 있다. 편리하지만 너무 장시간 사용하는 것은 좋지 않다.

아이들과 바닷가로 여행을 갔다. 생리주기가 워낙 불규칙해서 언제 생리를 시작할지 모르는 게 나의 현실이다. 2달 만에 하는 생리가 그날 터졌다. 더운 여름, 바닷물을 앞에 놓고 물놀이를 포기할 수도 없었다. 편의점에서 탐폰을 구매했다. 사용해보니 수영덕후인 미선선배가 탐폰성애자인 것이 이해되었다. 물놀이에 자유로운 생리기간이라니 정말 신세계였다.

"진짜 신세계는 생리컵이야."라고 얼리어댑터인 친구가 말했다. 일회용 생리대 파동 이후 의료용 실리콘으로 만들었다는 생리컵을 직구로 구입한 친구다. 생리 중이라는 것을 잊었을 정도라고 했다. 생리컵은 의료용 실리콘이나 천연고무로 만든다. 인터넷을 찾아보면 알겠지만 고무로 만든 종 모양이다. 탐폰처럼 질 안쪽에 삽입한다. 탐폰은 제거해서 버리지만 생리컵은 몇 시간마다 제거하고 세척 후 다시 삽입하여 재사용한다.

처음의 질문으로 돌아와보자. 학생이 생리컵을 사용해도 될까? 일회용 생리대이든, 면 생리대든, 탐폰이나 생리컵이든 내 몸에 맞고 편안한 것을 사용하면 된다. 학생, 즉 사춘기 청소년이란 우리가 생각하기에 성경험이 없는 사람이라는 의미가 포함되어 있다. 그래서 성경험이 없는 사춘기 아이가 질 속으로 삽입하는 탐폰이나 생리컵을 사용해도 되냐는 질문을 한다는 생각이다.

우리는 처녀막에 대한 환상이 있다. 사실 '막'이라는 표현도 옳지 않다. 상상해보라. 질 안을 막이 완전히 막고 있다면 질 분비물이나 생리혈은 어떻게 나올까? 질 입구는 원래 뚫려 있는 것이 정상이다. 우리가 키가 다르고 얼굴 모양이 다르듯이 질 안쪽 막의 모양도 모두 다르다. 대부분 처녀막이라고 부르는 막에 구멍이 나 있으며 초승달 모양이기도 하다. 성장을 하며 성 호르몬이 나오기 시작하면 처녀막은 필수적인 역할이 없기 때문에, 얇아지거나 없어지기도 한다.

　처녀막, 즉 질의 주름은 통증을 느끼는 부위가 아니다. 생리컵과 탐폰
을 사용한다고 해서 질 주름이 사라지지 않는다. 질 주름은 질 입구에 있
어서 생리컵이나 탐폰을 사용할 때 피가 날수도, 피가 안 날 수도 있다.
질은 아이가 태어나는 길이기도 하다. 탄력성이 뛰어나다. 회복성이 좋
기 때문에 상처가 생겨도 금방 회복된다. 처녀막에 대한 환상 때문에 탐
폰이나 생리컵의 사용을 꺼릴 필요는 없다. 일회용 생리대, 대안생리대,
탐폰, 생리컵, 이 중 내 몸에 안전하고 편리한 것을 사용하면 된다.

8

어른이 된다는 것의 의미

**사춘기, 괜찮은
어른으로 성장하자**

2차 성징을 맞이한 사춘기 아이가 성장한다. 나이를 먹는다. 그러나 누구나 '괜찮은 어른'으로 성장하지는 않는다. '어른'이 되어도 여전히 서툴다. 매사 미숙하고 결정이 어렵다. 모두 어른이 되는 것은 처음이었다. 힘들면 쉬어가도 된다. 다만 나를 인정하고 사랑하자. 천천히 어른이 되어가도 좋다.

철숙음수(啜菽飲水), 장유유서(長幼有序)는 우리 사회를 이어온 원리 중 하나이다. '철숙음수'는 '콩을 먹고 물을 마신다'는 뜻이다. 집은 가난해도 부모에게 효도를 극진하게 한다는 것이다. '장유유서'는 삼강오륜의 오륜 중 하나이다. '어른과 아이 사이에는 차례와 질서가 있어야 한다'는 뜻이다. 하지만 사춘기 아이들을 보면 요즘 아이들에게는 어른이 없다. 사춘기를 맞이한 아이에게 세상은 전과는 달리 보인다. 이상적이던 부모는 이미 사라졌다. 그 실망감을 아이들은 짜증으로 나타낸다. 비꼬기도 한다. 교사도 마찬가지이다. 때로는 교사의 외모를, 때로는 교사의 실력을 독설한다. 어쩔 때는 그 대상이 스님이기도 목사이기도, 정치인이기도 하다. 그래서 싸움이 일어나기도 한다. 아이의 독설과 짜증을 있는 그대로 받아주는 일은 부모도, 교사도 힘들다.

중학교 친구인 은주를 만났다. 은주는 부모님의 이혼으로 할머니, 할아버지와 자랐다. 요즘은 국가적으로 복지가 잘되어 있지만, 은주가 대학을 갈 때는 그렇지 않았다. 당장 밥을 굶는 것은 아니었지만, 항상 조급했다고 한다. 은주는 하루라도 빨리 어른이 되어 돈을 벌고 싶다고 했다. 어느 날 은주는 김지훈 시인의 시를 이야기했다.

어른이 된다는 건
상처를 입어도
모른척 덮는 일이 많아진다는 것

(중략)

철이 든다는 것이

아플 때 소리내지 말라는 의미란 걸

진작 알았더라면

난 좀 더 늦게 철이 들었을 텐데.

은주의 딸 윤진이는 사춘기의 절정을 달리고 있다고 한다. 순하던 윤진이는 사춘기가 되어 변했다. 아이의 독설과 짜증에 시달리다 보니 자연스레 딸과 싸우는 일이 많아졌다고 한다. 윤진이 입장에서는 고통스러운 일이다. 믿었던 부모도 이상적이지 않고, 교사도 실망스럽다. 세상의 진실을 마주한 것이다. 이럴 거면 '어른'이 왜 필요한 건가?

세상에 제대로 된 사람이 없고, 이상적인 사람이 없다는 것에 실망을 한 것이다. 이게 어른들의 진실이었다니 윤진이는 화가 난다. 더 이상 순종적이지 않게 되었다. 힘든 시기를 거쳐 어른이 된 엄마가 대단하기도 하고 안되기도 하다. 그러나 그때뿐이다. 은주와 딸 윤진이는 때로는 싸우고 실망스러운 상황에 마주칠 것이다. 고통 없는 성장과 성숙은 없다.

윤진이는 생각한다. '어른'이 필요할까? 사람은 누구나 성장하면서 사춘기를 겪는다. 보통 2차 성징은 어른이 되기 위하여 꼭 겪어야 할 중요한 시기이다. 그러나 몸이 변하는 것과 별개로 왜 마음도 변하는 것일까? 사춘기 시기 다양한 감정은 어린 시절 나타나야 하는 이유가 있다. 어릴 때 치는 사고는 스케일이 작다. 이런저런 실수와 별난 행동을 통해 깨달음을 얻게 된다. 그래야 정말 어른이 되었을 때 무책임한 행동을 하지 않게 된다.

정신과 의사인 선배가 말했다. 정신과에는 정말로 이상한 사람들은 안 온다고. 그 주변 사람들이 힘들어서 찾아온다고 한다. 그렇다. 세상은 넓고 이상한 사람은 많다. 어른들이 그렇다. 문제 아이는 없다. 문제 부모나 문제 어른이 있을 뿐이다.

윤진이도 엄마 은주처럼 얼른 어른이 되고 싶어 한다. 엄마 은주가 경제적인 독립을 원해서 어른이 되고 싶었던 것과 윤진이의 어른은 다르다. '어른', 흔한 말이지만 시간이 지난다고 모두가 저절로 어른이 되는 것은 아니다. 누구나 시간이 지나면 '성인'이 된다. '성인'은 만 19세 이상의 남녀를 말한다. '어른'은 다르다. 다 자라서 자기 일에 책임을 질 수 있는 사람이 진정한 어른이다. 성인은 많지만 어른은 별로 없는 이유이다. 나이만 먹는다고 어른이 되는 것은 아니다.

『있는 것은 아름답다』라는 책이 있다. 호스피스 병동을 2년 동안 취재한 결과를 책으로 낸 사람이 있다. 앤드루 조지다. 이 책에서 죽음을 앞

둔 랩프라는 환자가 한 말이다. "자신의 행동과 말에 책임을 지세요. 바람직하지 않은 행동이나 말을 했다면, 받아들이고 기꺼이 책임을 지세요." 책임질 줄 아는 성인이 어른이다.

사춘기 아이는 '괜찮은 어른'으로 성장해야 한다. '괜찮은 어른'이란 자신의 부족한 부분을 알고 채우려는 사람이다. 당연히 나를 잘 알고 존중해야 가능한 일이다. 다른 사람을 존중하기 전에 나를 존중하는 것이 먼저다. 존중은 사람을 높이고 중요하게 대하는 것이다. 사춘기가 되며 나는 이미 어른으로 가는 길을 걷기 시작했다. 출발 전 나를 사랑하고 존중하자. 내 몸의 소중함을 알고 출발해야 다른 사람도 존중할 수 있다.

사춘기를 맞은 윤진이네 집에서는 하루가 멀다 하고 소동이 벌어진다. 2차 성징으로 인한 신체의 변화 말고도 정신적으로도 윤진이는 성인이 되기 위한 준비를 하게 된다. 엄마인 은주는 아이의 독립을 받아들여야 하고, 지원할 준비를 해야 한다. 그래야 혼란과 갈등이 적어진다. 사춘기 자녀의 모든 문제를 대할 때 가장 중요한 것은 이 모든 일이 아이가 어른이 되기 위한 변화의 과정에 있다고 인정하는 것이다. 이 시대를 이끌어 나갈 책임 있는 어른으로 성장하기 위한 과정이라는 것을 명심하자.

9

입만 열면 욕, 욕! 뇌 구조가 궁금해!

**욕하는 청소년,
그들의 심리**

사춘기가 되며 아이들의 대화를 이해할 수가 없다. 욕은 기본, 외계어가 대부분이다. 외계어야 못 알아들으면 그만이다. 그러나 욕은 너무 거슬리는 것이 사실이다. 또래 사이에서 세보이고 싶은 것이 아이들의 심리이다. 아이들이 욕을 하는 이유는 공격성을 조절하는 수단이기도 하고, 또래문화의 영향이 크다. 아이들은 서로 욕을 주고받으면서 '이제 우리는 더 이상 아이가 아니야.'라는 것을 과시한다.

남편과 함께 지하철을 탔다. 결혼식에 가는 길이다. 맞은편 중학생으로 보이는 아이들 무리가 있었다. 아이들의 대화에서는 "존나, 씨발, 년." 이라는 말밖에 들리지 않는다. 남편은 아이들끼리 지하철에서 싸우는 줄 알고 쳐다봤다고 한다. 화나는 상황이 아닌데도 욕하는 아이들, 이해가 되지 않는다고 한다.

사실 그 아이들 입장에서는 욕이 일상이니 욕설을 하는 것이 왜 문제인지 모른다. 그것도 공공장소인 지하철에서 말이다. 흡연으로 예를 들어보자. 담배 피우는 사람은 담배 연기가 얼마나 독한지 잘 못 느낀다. 옆에 있는 사람만 죽을 맛이다. 담배를 피울 권리는 본인에게 있지만, 싫다는 사람 옆에서 담배를 피울 필요는 없다. 그것도 꽉 막힌 지하철에서 피울 필요까지는 없다. 욕도 그렇다.

지하철이나 버스 등을 이용하면 청소년들의 욕을 많이 접하게 된다. 가끔 생각한다. 아이들은 이게 무슨 뜻인지 알고 있을까?

비가 많이 오는 토요일, 학원에 간 딸을 태우러 갔다. 마침 같은 방향이라는 같은 반 남자아이를 같이 태우게 되었다. 뒤에서 두런두런 숙제가 많다, 이번 점수가 어떻다는 등의 이야기가 들린다. 순간 딸이 친구에게 "씨발년아."라고 한다. 잠시 차 안에 적막이 흘렀다.

아이는 실수라고 일부러 그런 것이 아니라고 했다. 물론 나도 안다. 요즘 아이들은 좋아도, 화가 나도 욕을 한다. 그 친구와 딸은 이게 일상이라고 했다. 욕이 빠지면 대화가 안 된다는 것이다. 평범한 아이들이 왜 욕을 하는 것일까? 어른들도 경험했듯 욕을 하고 나면 일단 속이 시원해지기는 하다. 쾌감도 있고 스트레스도 해소된다. 사춘기 청소년들 역시 스트레스 해소를 위해, 혹은 나쁜 기분을 해소하기 위해서 욕을 하기도 한다.

사실 친구들이 쓰니까 그냥 따라 쓰는 경우도 많다. 애들끼리는 친근감의 표현이기도 하고 소속감을 주기도 한다. 특별한 이유도 없다. 습관인 것이다. 아이들은 욕으로 감정을 표현하고 상황을 전달한다. 욕을 빼면 대화가 되지 않는다. 아이들이 감정을 어떻게 구체적으로 표현해야 할지 모르니 욕을 하는 것이다. 우리도 어릴 때 욕을 하고 자랐다. 하지만 요즘처럼 라임을 넣듯 욕을 하진 않았다. 보통 싸우거나 화가 날 때 욕을 했다. 게다가 어른들 앞이나 공공장소에서는 말을 조심했다.

아이들이 욕인지도 모르고 쓰는 말 중에 '존나'가 있다. 이 말은 원래 '좆나'였다. 발음상 편하게 쓰다 보니 받침이 'ㄴ'으로 바뀐 경우다. '존나'의 어원은 '좆나다'로 남성의 성기에 대한 욕이다. '좆'을 국어사전에서 찾아보자. '남성의 성기를 비속하게 부르는 말'이라고 설명한다. '나다'를 국어사전에서는 이렇게 설명한다. '신체 표면이나 땅 위에 솟아나다'. 즉 '좆나다'는 흥분해서 발기가 된다는 뜻이다. '졸라'도 마찬가지다. '존나 재수 없어요'라고 말하는 남학생도 많지만 여학생들도 많다. 엄밀히 따지면 이성 앞에서 이런 말을 사용하는 것은 언어적 성희롱이다.

'개새끼'도 많이 사용한다. 흔히 '개(Dog)'라고 알고 있는데 틀리다. 본래 어원은 가짜를 뜻하는 '가(假)'이다. 가짜 새끼를 키운다는 뜻이다. 또 아이들이 사용하는 욕 중에 '씨발'이라는 것도 있다. 이 말은 원래 '씹할'이었고 어원은 '씹에 하다'이다. '씹'은 사실 2가지 뜻이 있다. 여성의 성기와 성행위가 어원이다. 여성의 성기를 낮추어 부르는 말이다. 이 역시 이성 앞에서 사용하면 성희롱이 된다. 아이들이 요즘 사용하는 말 중 'M창'이라는 말도 있는데, 이는 내 말이 거짓말이면 내 엄마가 창녀라는 말이다.

'니미럴'이라는 말도 있다. '너의 어미랑 씹할'이라는 말의 줄임이다. 이처럼 우리가 하는 모든 욕은 성과 관련되어 있다. 가만히 생각해보면, 꼭 이런 단어를 사용하여야 하는 것은 아니다. '씨발'이라는 말 대신 '짜증나'나 '젠장'을 써도 된다. '좆나' 대신 '매우'나 '아주'를 써도 아무 문제가 없다.

우리 아이들이 우리가 자랄 때보다 인성이 나빠서 욕을 하는 것일까? 언어나 행동이 거칠어졌다는 것은 심리적으로 불안하다는 거다. 스트레스가 있다는 증거다. 따라서 아이들이 욕을 쓴다는 것은 그만큼 아이가 심리적으로 불안하고 스트레스를 느낀다는 뜻이다. 청소년기는 그 자체만으로 스트레스가 많은 시기이다. 그런데 요즘 아이들은 스트레스를 풀 기회가 더 없다. 이를 해소하는 수단으로 욕이 자리 잡고 있다.

성적인 욕을 애나 어른이나 내뱉는 것은 옳지 않다. 조심하지 않은 어른들의 잘못이고, 아무 생각 없이 따라 하는 아이들도 문제다. 어른들과 달리 아이들은 몰라서 욕을 한다. 습관적인 욕, 고칠 생각이 있어야 고친다. 몰라서 하는 것이라면 결론은 간단하다. 가르쳐서 지도해야 한다. 남 듣기가 얼마나 민망한 단어인지 그 뜻을 생각해본다면, 적어도 공공장소에서 마치 일상어인 것처럼 자주 사용하는 경우는 줄어들 것이다. 무슨 뜻인지도 모르고 사용하는 자신이 무식하게 보인다는 사실이라도 생각해보자.

사춘기 청소년이 혼자 있을 때 욕하는 경우가 있다. 화가 나 있거나 기분이 안 좋을 때 혼잣말로 욕하는 것이다. 이런 행동은 어른들도 한다. 부모가 이를 본다면 당장 혼내고 싶겠지만, 일단 아이가 진정될 때까지 기다리는 것이 필요하다. 시간이 지나야 아이도 내 감정이 보인다.

딸처럼 친구와 대화하며 욕을 하는 경우가 있다. 차 안에서 나는 아무런 말도 하지 않았다. 아이와 친구가 먼저 제발이 저려 이런저런 이야기를 했을 뿐이다. 욕을 쓰는 것에 대한 생각을 솔직하게 말하는 것이 좋다. 친구에 대한 흉은 금물이다.

사춘기 자녀가 욕을 안 쓰는 것이 가장 좋지만, 어원은 가르쳐주어야 한다. 내가 하는 말이 남에게 불쾌감을 줄 수 있기 때문이다. 단순히 욕을 안 하는 것보다는 상황에 맞는 적절한 단어를 사용할 수 있어야 한다. 무엇보다도 부모가 먼저 모범을 보여야 한다.

❸ 학교만 믿고 맡기지 마세요

학교는 '학생들에게 한 사회에서 성인으로서의 역할을 효과적으로 수행할 수 있도록 가르치는 기관'이다. 우리 아이들이 학교에서 배우는 것은 사회를 살아가는 데 필요한 지식, 사회규범과 가치이다. 개인적으로는 교육은 성취를 통하여 사회적 지위를 갖게 해주는 곳이며, 사회적으로는 그 사회의 가치나 전통을 교육하여 사회통합을 유지하는 역할을 한다.

우리 사회에서 학교의 역할을 중요하다. 예부터 '君師父一體 (군사부일체 : 임금과 스승과 아버지의 은혜가 같음)', '師弟同行 (사제동행 : 스승과 제자가 한마음으로 연구하여 나아감)'란 사자성어가 있을 정도다.

그러나 학교에서의 교육만큼 중요한 교육이 있다. 바로 가정교육이다. 스위스의 교육가인 페스탈로치(Pestalozzi, Johann Heinrich)는 "가정은 도덕의 학교다. 가정에서의 인성교육은 중요하다."라며 가정교육의 중요성을 말하였다. 미국의 소설가인 워싱턴 어빙(Washington Irving)은 "아이가 자기 집을 따뜻한 곳으로 여기지 못한다면 그것은 부모의 잘못이며 부모로서 부족함이 있다는 증거이다."라고 말했다. 모두 가정교육이 얼마나 중요한지를 역설한 것이다.

얼마 전 TV를 보았다. 자녀 성교육에 대한 주제였다. 주로 '아이와 성에 대하여 대화하기', '학교나 기관에 믿고 맡기기', '아이와 함께 동화책이나 자료 읽기'로 결론지어졌던 기억이 난다. 다른 것들은 설명이나 패널의 의견도 좋았다. 걱정되었던 것은 '학교나 기관에 믿고 맡기기'였다. 나도 부모지만, 학교나 기관에만 믿고 맡기면 안 된다. 학교나 기관에서 할 수 있는 것은 아주 기본적인 영역이다. 아이는 학교에 입학하기 전 성에 대한 관심이나 가치관은 이미 가정에서 만들어져 온다. 부모의 가정에서의 성에 대한 관점, 성을 바라보는 태도를 아이는 이미 체득해서 입학한다.

교사의 역할을 여기서 올바른 방향을 제시하는 것뿐이다. 부모의 관심, 지역사회의 배려가 없다면, 올바른 방향으로 성장할 수 없다. 가끔 학부모 상담을 하다 보면, 어떻게 어디까지 이야기를 해야 할지 막막하다는 이야기를 한다. 괜찮다. 이런 고민을 한다는 것 자체가 아이를 바로 봐주고, 아이의 성장을 함께 고민한다는 신호라고 생각한다. 서점에만 가봐도 성교육, 인성교육에 대한 책이 이미 엄청 많다는 걸 알 수 있다. 하나를 골라서 아이와 함께 읽어보는 것도 좋은 시간이 될 것이다.

4 장

10대가 궁금해하는 19금 질문들

1

19금 야동, 보면 왜 안 되나요?

요즘 사춘기,
미디어 리터러시가 필요해

집 근처 문화센터가 있다. 시설도 훌륭하고 강사진도 좋다. 그래서인지 항상 사람들이 많다. 지나다니기만 하던 나는 같은 동네 사는 친구가 요리 강습을 받자고 해서 방문하게 되었다. 시간도 좋고 비용도 적당했다. 친구와 강습 신청을 하고 나와 화장실을 잠시 들렀다. 눈앞에 인상적인 문구가 있었다. '이 화장실은 몰래카메라 안심 화장실입니다.'

90년대 후반 O양 비디오가 전국을 강타했다. 불순한 의도를 가진 누군가가 개인의 사생활을 유출시킨 것이다. 지금처럼 핸드폰으로 모든 것이 가능한 시대가 아니었던지라, 비디오와 CD로 유통이 되었다. 전 국민이 집단적 관음증으로 술렁였다. 지금은 더 심각하다. 누구나 사진이나 동영상을 촬영하고 인터넷에 올릴 수 있다. 언제든 개인의 사생활이 원하지 않는데도 불특정 다수에게 공개될 수 있다. 백화점, 쇼핑센터, 대학 심지어 워터파크까지 'OO몰카'라는 이름으로 인터넷에 떠돌아다니고 있다.

아들이 대학생이 되었다. 수시합격통지서를 받자마자 아들은 단체 카카오톡에 초대되었다. 이미 카카오톡 대화방에는 학년별, 전공별로 수많은 사람이 있었다. 남학생방도 따로 있다. 마침 '버닝썬' 사건과 여러 가지 사건으로 TV 뉴스를 못 들을 정도인 때였다. 걱정이 된 남편과 나는 갑자기 카톡 안에서의 지켜야 할 것들에 대하여 아들을 따라 다니며 말하기 시작했다. "알지? 특히 남학생 방에서 더 조심해야 해. 이상한 사진이나 영상 올라오면 그러면 안 된다고 말하고 캡쳐해놓고 그 방에서 나와." 남편이 말했다. 네가 원하든 원하지 않든 그 카톡방에 있었고, 옳지 않은 것을 눈감은 것으로도 도의적 책임이 있다고 했다.

아들이 중학생 때는 남편과 나 둘이 아이 몰래 핸드폰을 열어본 적이 있다. 대부분 패턴으로 잠그는지라, 형광등 불빛 아래 비추어보면 패턴이 보이는 경우가 있다. 딸의 휴대폰은 한 번도 열어보지 못했다. 핸드폰을 잘 닦고 다니는지라 패턴이 보이지도 않았다. 물론 남편과 나의 이런 행동이 바람직하다는 것은 아니다. 하지만, 아이들이 아무 생각 없이 몰카나 남의 사진을 찍는다는 이야기가 들려서 안심할 수 없었다. 다행인 것은 우리가 우려하는 일은 일어나지 않았다.

90년대 후반 OO비디오라는 것들이 세상을 휩쓸 때 성교육의 주제는 음란물 예방이었다. 당시 수업에서는 진실과 야동을 구분하는 방법, 음란물의 문제점 등에 대해 교육을 하였다. 요즘 사춘기 아이들은 대중 매체와 인터넷에 널리 퍼져 있는 음란물에 그냥 노출되어 있다. 19금 영상에서 빠져나오지 못하고 있는 아이들도 많다.

초등학교에 입학하기만 해도 아이들은 스마트폰을 손에 쥔다. 물론 아이패드로 어려서부터 영상을 많이 접하고 있다. 요즘은 유튜브가 아이를 봐준다고 하지 않는가. 유튜브만 문제가 되는 것은 아니다. 우리가 상상하지도 못하는 곳에서 음란물은 우리의 발목을 잡고 있다.

사실 음란물은 올바른 표현이 아니다. '성적 표현물'이라고 말해야 옳다. 아이돌의 노래부터 글, 사진, 동영상 모두 포함된다. 음란물이 진짜 일까? 음란물을 이야기할 때는 '성 상품화'를 빼놓고 말할 수 없다. 아침에 일어나서 잠자리에 들기 까지 우리의 일상생활은 대중 매체로 시작해서 대중 매체로 끝난다. 라디오를 들으며 출근하고, 신문을 보고, 길거리 전광판의 광고를 본다. 아이들은 페이스북과 인스타그램 등으로 세상과 소통한다. 문제는 광고를 비롯한 여러 종류의 대중 매체들이 성을 이용한다는 데 있다. 대중 매체에서 성은 소비된다. 사고팔 수 있는 상품이 되는 것이다.

'성적 표현물'의 문제는 무엇일까? 성을 사는 사람이 대다수 남성이기 때문에 이런 동영상은 철저하게 남성 중심적이다. 여성은 남성을 위한 도구로만 존재한다. 또한 오로지 행위에 집중한다. 서로에 대한 배려도 없고 스토리도 없다. 아이들이 보는 19금 동영상에는 사정을 아주 중요하게 다룬다. 남성도 여성도 사정에만 집중한다. 그리고 폭력과 비현실적인 설정이 대부분이다. 이게 정상일까? 대중 매체 속 잘못된 '성적 표현물'을 막을 수 없다면 제대로 보는 눈이 필요하다.

인격적인 부분이어야 할 성이 상업적 전략에 의하여 하나의 상품으로서 팔리고 있다. 상품이 되어 버린 성은 인간의 가장 감각적인 부분을 자극하여 소비를 촉진시키려는 상품 광고의 상업주의와 결합하여 소비 전략의 도구로 이용되고 있다. 과거에는 남성용 제품을 광고할 목적으로 남성의 주목을 끌기 위해서 여성을 상품화하는 경향이 컸다. 요즘에는 여성용 제품을 팔기 위해서 같은 여성을 상품화하는 경향이 더 커지고 있다.

여성만 성 상품화의 대상이 되는 것이 아니다. 남성도 성 상품화의 대상이 된다. 물건을 팔기 위하여 광고를 한다. 우리가 좋은 제품을 선택하는 데 참고하기 위한 광고가 아니다. 제품과는 상관없이 단지 사람들의 시선을 끌기 위해서 성을 이용한다. 드라마와 음악프로그램들은 시청률을 높이기 위해, 영화는 관람객 수를 늘리기 위해, 스포츠 또한 더 많은 관중에게 주목 받기위해 성을 이용한다. 조회수를 늘리기 위하여, 나의 상품을 팔기 위하여 성을 상품으로 이용하는 사람들이 절대적으로 많아졌다. 그래서 여성의 몸을 몰래 찍는 사람들도 많아진 것이다.

대학생이 된 아들의 스마트폰을 하나하나 감시할 수는 없다. 고등학생 딸의 SNS도 마찬가지이다. 자료를 찾거나 뉴스를 보기 위하여 들어간 유튜브에도 광고영상이 뜬다. 아이가 초등학생이라도, 사춘기 청소년이어도 마찬가지다. 그때마다 나쁘다고 인터넷을 끊고, 스마트폰을 빼앗을 수는 없다. 그래서 요즘 세상에서는 미디어 리터러시가 필요하다.

미디어 리터러시는 필요하다. 내가 보고 있는 이 영상이, 이 정보가 봐도 괜찮은 것인지, 나에게 어떤 영향을 끼치는지 알아야 한다. 요즘 광고나 영상은 폭력적이어도, 선정적이어도 혹은 가짜뉴스여도 아무런 제재가 없다.

대학생이 되었어도 아들은 여전히 웹툰에 빠져 있다. 후기 사춘기지만, 부모로서 해야 하는 것들이 있다. 가끔 물어본다. "요즘 어떤 웹툰이 재미있어?"라고. 아들은 이 웹툰은 어떻고, 저 웹툰은 어떻고 하며 자기가 구독하고 있는 것의 이야기를 한다. 이야기를 하며 그 웹툰이 약자를 혐오하거나 성차별적은 아닌지 생각해보는 것은 필수다. 아무런 이유 없이 욕설만 가득한 웹툰도 있다. 다행히 아들에게는 나쁜 미디어를 걸러내는 능력이 있었다.

사실 야동보다 성 상품화가 더 문제다. 성도덕이 무너진 것이다. 배려와 존중이 필요한 성이 '상품'으로서 거래되고 있는 것이다. 모든 미디어가 나쁜 것은 아니다. 좋은 역할을 하는 미디어도 있다. 하지만 불법적이고, 성을 상품화하는 미디어가 더 많은 것도 사실이다. 건강한 미디어를 만들기 위하여, 광고를 보는 우리가 지켜야 할 것들에 대한 생각이 필요하다.

2

노브라로 학교에 가면 안 되나요?

브래지어가 문제가 아냐,
네 눈이, 네 손가락이 문제야

톨스토이가 말했다. "육체에 꼭 맞는 옷을 입기보다는 양심에 꼭 맞는 옷을 입는 것이 좋은 것이다." 사람들은 더위나 추위, 바람이나 위협으로부터 보호하기 위하여 옷을 입는다. 입은 옷은 그 사람의 신분이나 감정을 표현하기도 한다. 때로는 자신을 아름답게 꾸미기 위하여 옷을 입는다. 모두 맞는 말이다.

연경이는 고등학교 2학년이 되었다. 흔히 말하는 절벽이다. A컵도 남아돈다. 요즘 연경이의 불만은 '브래지어를 해야 하는가?'이다. 여고를 다니다 보니 연경이와 같은 생각을 가진 친구들이 많다. 집에서라도 브라를 안 하고 싶은데, '오빠와 아빠도 있는데 조심성이 없다'고 엄마가 등

짝을 때린다. 엄마는 말도 안 되는 이야기를 한다. 집에서 사각 팬티만 입고 있는 아빠와 오빠다. 물론 둘 다 반바지라고 주장은 한다. 누가 봐도 팬티인데 말이다. 난 속옷을 안 입을 뿐이지 겉옷은 입는다. 정작 아빠와 오빠는 내가 브라를 했는지 안 했는지도 모른다. 잘 때도 브래지어를 하고 자는 엄마는 반대로 연경이가 이해가 되지 않는다. 여자애가 왜 그러는지 이해가 안 되는 엄마다. 벌거벗고 있는 것도 아닌데 난리 치는 엄마가 연경이는 이해가 안 된다. TV를 보면 연예인들 중 노브라로 나오는 사람들도 많이 늘었다. 본인이 안 하겠다는데 왜 난리인지 이해가 안 간다.

연경이 친구 윤정이는 반대의 입장이다. 운동을 좋아하는 윤정이는 가슴이 작은 아이들이 부럽다. 누구를 닮은 건지 항상 C컵이다. 엄마도 언니도 가슴이 없다. 뚱뚱하지도 않은데 뭐가 문제인지 모르겠다. 친구 연경이는 "내가 너 입장이면 가슴만 내놓고 다닐 거야."라며 부러워하는데 뭘 모르는 소리다. 등이 굽고 어깨가 아파봐야 연경이는 날 이해하게 될 것이다.

작년 운동회 때 계주만 생각하면 아직도 치가 떨리는 윤정이다. 달리는 게 싫어서 대강 했는데도 우리 반이 결승에 올라갔다. 독한 친구들이라고 생각했다. 결승까지 가서 대강 하는 게 눈에 띄면 애들이 날 잡아먹으려 할 것 같았다. 고민했다. 선택의 여지가 없다. 결국 윤정인 압박붕대로 가슴을 졸라매고 달렸다. 계주 1등이라고 좋아하는 애들을 보며 가슴을 쓸어내렸다. 애들이 좋아하든 말든 화장실로 달려가 붕대를 풀었다. 붕대를 풀 때 혈액순환이 안 되어 얼마나 아픈지 모른다. 경험한 사람만 아는 고통이다. 억울하다. 걸을 때도 덜렁거려서 꼭 브래지어를 해야 하는데, 뛰어도 티가 안 나는 연경이가 부럽기만 하다. 여름이 되기 전부터 브래지어를 한 가슴 아래 땀이 차고 가렵다. 항상 가을 되기 전 피부과에서 연고를 처방받는다. 해마다 반복이다. 연경이는 브래지어를 하건 안 하건 선택이라도 할 수 있는 입장이라 좋겠다. 큰 가슴 때문에 어깨가 편한 브래지어만 고르는 윤정이로서는 배부른 소리라고 생각한다.

윤정이와 연경이는 수업시간에 '성적 대상화'라는 이야기를 들었다. 상대방을 혹은 누군가를 '사람'으로 보지 않는 시선, 성적인 행동에 사용하는 물건이나 도구로 보는 것이 '성적 대상화'라고 한다. 여자에게 있어서 가슴은 가장 '성적 대상화'가 된 신체 부위다. '야한 느낌'을 주거나 '섹스'를 떠올리게 한다. 그래서 불편해도, 답답해도 브래지어를 필수로 해야한다는 이야기가 나왔다. 브라를 하느냐, 안 하느냐가 중요한 것이 아니다. 남의 가슴을 쳐다보는 상대방의 문제인 것이다. 선택은 내 몫이다.

브래지어를 하느냐, 안하느냐에 대해 개인의 자유라고 생각하면서도 이견이 많다. 이중성이 드러나는 부분이다. 여성의 몸을 보는 남성의 성적인 시선이다. 여성의 가슴을 성적인 대상으로만 보는 사회적 분위기가 나타난다. 광고나 잡지만 보더라도 온통 속옷 광고인데, 정작 그 옷을 입는 여성은 가슴을 내놓으면 큰일 나는 분위기다. 우리는 지금 '상품으로서의 가슴'은 광고하고, 정작 여성의 진짜 가슴은 드러내놓으면 불편해하는 세상에 살고 있다. 사실 브래지어를 하느냐, 안 하느냐가 무슨 상관인가? 내 발의 주인이 나인 것처럼 내 가슴의 주인은 나다. 브래지어를 할지, 안 할지도 내가 선택할 문제다. 내가 어떤 신발을 신는지도 나의 문제다. 다만 건강을 위하여 12cm힐보다는 운동화를 선택할 뿐이다.

이쯤 되니 궁금하다. 예전에도 브래지어를 했을까? 사실 브래지어의 역사는 아주 오래되었다. 복식사 연구에서는 고대 그리스 로마시대에서부터 사용되었다고 한다. 연경이와 윤정이 모두 와이어가 가슴을 누르면 소화가 안 되는 기분이 든다. 윤정이는 브래지어가 닿는 부분의 피부염부터 여름에는 땀띠까지 시달리고 있다. 가슴이 큰 윤정이는 어깨와 등이 굽어 있다는 말을 많이 들었다.

브래지어를 입을지 말지는 개인의 선택이다. 학교에 갈 때 교복 가디건을 입을지 말지 고르는 것처럼 말이다. 우리가 브래지어를 하는 이유는 다양하다. 유두가 도드라지는 것을 방지하거나 가슴 모양을 만들기 위해서도 입는다. 때로는 가슴이 커 보이기 위해서 뽕브라를 하기도 한다. 가슴이 처치는 것이 싫은 경우는 기능성 브라를 하기도 한다.

윤정이처럼 브래지어를 하기로 결정했다면 사실 격한 운동을 할 때 브래지어는 도움이 된다. 요즘은 스포츠브라도 잘 나온다. 운동 종류에 따라 가슴조임이 다른 브라를 선택할 수 있다. 사실 2차 성징이 시작되어 가슴이 발달하기 시작하는 사춘기 청소년은 가슴의 통증에 민감하게 된다. 옷에 쓸리거나 미세한 유두 쓸림이 있을 수 있다. 이때 청소년용 브래지어는 도움이 된다.

무엇보다 가장 중요한 것은 내게 잘 맞는 브래지어가 필요하다는 거다. 연경이와 윤정이는 인터넷으로 옷을 사기도 하지만 매장을 방문하여 쇼핑을 할 때도 있다. 모두 입어보는 것은 필수이다. 연경이와 윤정이 모두 M 사이즈다. 하지만 같은 M 사이즈여도 옷을 입어보면 다르다. 연경이는 상의가 헐렁하고 윤정이는 상의가 꽉 낀다. 프릴이 많이 달린 공주풍 옷을 윤정이는 꿈도 못 꾼다. 반대로 연경이는 빈약한 가슴을 가리기 위해 너풀거리는 옷을 고른다. 다리 길이도 그렇다. 브래지어도 마찬가지이다. 그래서 나에게 맞는 브래지어 사이즈를 알아야 한다. 청소년기의 가슴발달은 성인과 다르다. 성인은 사이즈가 잘 변하지 않는다. 따라서 청소년기에는 이번에 매장에서 사이즈를 재서 속옷을 샀더라도 불편해지면 사이즈가 변한 것이다. 다시 사이즈를 측정해야 한다. 매장에 방문하기 어렵다면 집에서도 사이즈를 잴 수 있다. 거울과 줄자만 있으면 가능하니 측정해보자.

브래지어도 옷이다. 날씨나 상황, 옷차림에 맞추어 선택할 수 있다. 요즘은 브래지어도 있고 브라렛도 있다. 스파 브랜드에 가보면 브라탑도 많다. 민소매 티셔츠에 브라캡이 붙어 있어서 브래지어를 하지 않아도 된다. 몸에 잘 달라붙는 재질이고 답답하지도 않다. 브래지어를 하고 싶지 않은데 유두가 신경 쓰인다면 니플패치도 있다. 연경이처럼 브래지어를 하지 않는 선택도 있다. 이 모든 결정에서 내 몸의 편안함이 우선이다.

3

내 그곳은 분홍색이 아니에요

사춘기,
기상천외한 고민들

아무것도 안 해도 예쁜데 화장을 하는 이유를 모르겠다. 중고등학생 부모나 교사에게서 나오는 이야기가 아니다. 요즘은 초등학생도 화장을 한다. 어느 한쪽에서는 '외모지상주의'가 문제라고 하고, 다른 한쪽에서는 뷰티산업이 문제라고 한다. '예쁜 것도 경쟁력'이라는데 이런 천편일률적인 기준이 맞을까? 게다가 이런 예쁜 것은 얼굴과 몸매에 국한한 이야기가 아니다.

희수는 아빠와 함께 산다고 한다. 지금 고등학교 1학년이다. 다른 아이들처럼 피어싱을 하거나 머리를 염색하지도 않는다. 단정한 이미지다. 희수는 이번에 새로운 남자친구를 사귀게 되었다고 한다. 요즘 아이들은 공부를 잘하는 아이들이 음악도, 미술도, 체육도 잘한다. 심지어 인기도 많다. 희수가 그런 아이다. 항상 예의 바르고 밝다. 그리고 본인 자신을 좋아한다. 예쁘장한 얼굴도, 날씬한 몸매도, 총명한 머리도 모두 좋아한다.

다른 친구들처럼 화장을 덕지덕지 하지도 않고 자연스럽게 한다. 교복을 입어도 맵시가 난다. 추운 겨울 교복 위에 입는 겉옷도 학생이 입기에 적당하다. 1학년 반장인 희수는 2학년이 되며 학생회 활동을 시작한다고 했다.

이런 희수가 여러 번 들락거렸다. 항상 사람들이 많으니 그냥 인사하러 들렀다고 말하며 가고 했다. 어느 날 방과 후 찾아왔다. 반갑게 맞이했다. 바글거리던 친구들이 있을 때 희수는 입을 다문다. 다른 아이들이 사라지자 나를 쳐다본다. 비밀이야기를 하고 싶다고 한다. 난 고민에 빠졌다. 사실 아이들의 비밀이 무섭다. 아이들의 안전에 문제가 되는 비밀은 지킬 수 없다. 그러나 희수의 비밀이야기는 내가 걱정하던 종류는 아니었다. 그러나 희수에게는 반 년 이상 걱정해온 큰일이었다.

"저, 그곳이 분홍색이 아니에요."

희수의 고민이다. "응?" 난 잘 못 알아들었다. 아이들에게 처음 듣는 종류의 고민이었다. 전에는 한 번도 이런 고민을 접한 적이 없었다. 내가 가는 귀가 먹었다고 생각한 희수는 말한다. 남자친구를 사귀고 스킨십이 많아졌다고 한다. 얼굴도 몸매도 자신이 있다고 한다. 이성친구가 생기니 성에 대한 관심이 많아졌다고 한다. 저번 남친을 사귈 때와는 또 다르다고 한다.

어느 날 유튜브를 보는데 생식기 이야기가 나왔다. 전반적인 내용은 여성이 자신의 성기에 대해서 잘 알아야 한다는 것으로 좋았다고 한다. 매일 거울로 아침저녁 얼굴을 보는 것처럼 자신의 성기를 보는 일은 없다. 대부분 청소년들이 '성적 표현물', 즉 '음란물'을 통해서 여성의 성기를 본다. 따라서 사춘기 청소년이 음란물로 접하기 전에 자신의 성기를 바로 알자는 내용이었다고 했다.

희수는 영상에 나온 대로 바로 자신의 성기를 확인했다고 한다. 그리고 분홍색도 아니고 양쪽이 대칭이지 않다는 것에 충격을 받았다고 했다. 교과서를 펼쳐봤다. 교과서와 나의 모양과 색이 다르다니 이해가 가지 않았다. 희수는 바로 도서관으로 갔다. 성교육 교재에도, 다른 책에도 성기는 양쪽이 대칭인데 본인은 삐뚤어졌으니 어쩔까 걱정이란다. 같이 사는 아빠한테 말하기도 어렵고, 고모한테 전화로 물어보기도 힘들었다고 한다. 찜질방까지 가서 남을 관찰하기도 했다는 희수가 짠했다.

그나마 희수는 처녀막 즉, 질 주름에 대한 정보는 잘 알고 있었다. 생각보다 희수처럼 고민하는 아이들이 많다. 많은 사람들이 여성의 음순이 분홍색이라고 생각한다. 이유는 여러 가지다. 성교육 때 사용하는 모형이나 교재, 혹은 '성적 표현물'인 음란물에서 성형수술을 한 성인배우의 것을 봤기 때문일 것이다.

희수처럼 거울을 이용하여 자신의 성기를 확인할 수 있다. 우리가 확인할 수 있는 외음부는 대음순과 소음순이다. 대음순은 바깥 부분이다. 대음순의 갈라진 사이에 소음순이 있다. 대음순은 좌우로 갈라진 주름이 입술 모양이다. 좌우가 비슷하지만 똑같거나 대칭적이지는 않다. 희수처럼 대칭적이지 않다고 고민하는 것은 옳지 않다. 우리가 보는 교재에서만 대칭적인 것이다.

소음순은 음핵, 요도, 질의 입구를 감싸듯이 덮고 있어 세균 침투나 내부 보호의 기능을 한다. 특히 외음부에 대한 오해가 많은 편이다. 성관계를 많이 하면 음순의 색이 더 검게 변한다든지, 음순이 커진다는 속설이 많이 알려져 있지만 이는 매우 잘못된 내용이다.

실제 음순의 색상은 다른 피부에 비해 짙은 색을 띠는 것이 특징이며 성적으로 흥분했을 때에는 부풀어 오르고 충혈된다. 색이 더욱 짙어질 수 있다. 우리가 매운 음식을 먹으면 입술이 빨갛게 부풀어 오르는 것과 같다. 하지만 다음 날이면 다시 원래 색으로 돌아가는 것을 경험할 수 있다. 색깔과 크기, 모양은 사람마다 모두 다르다. 소음순은 클리토리스, 요도구, 전정, 질을 보호하는 역할을 한다.

희수는 그때부터 인터넷 검색을 많이 했다고 한다. 생식기가 분홍색이 아니니 말이다. 성관계를 많이 하면 성기의 색깔이 진해진다는데 희수로서는 억울한 상황이었다. 이런 고민이 희수만의 문제일까? 왜 이런 고민이 생기는 것일까?

희수는 자신이 잘못되지는 않았는지가 가장 걱정이라고 한다. 걱정할 필요가 없다. 정상이다. 우리가 모두 다른 얼굴로 태어나듯이 손도 발도 모두 사람마다 다르다. 심지어 2차 성징조차 개인차가 있지 않은가?

그럼 왜 이런 고민이 생기는 걸까? 이유는 여러 가지가 있지만, 먼저 '성적 표현물', 즉 '음란물'의 문제이다. 여기에 나오는 성인배우는 생식기 성형을 한다. 분홍색으로 만드는 것이다. 그렇게 성형수술까지 하고 나오는 음란물은 현실과 같을까?

다른 이유는 교재의 문제이다. 우리나라 대부분의 교재는 성기를 대칭적으로 그려놓는다. 아마 다른 의도는 없을 것이다. 그러나 대다수 사람의 성기는 왼쪽, 오른쪽이 똑같은 정확한 대칭은 아니다. 신발만 해도 그렇다. 왼발과 오른발의 사이즈가 조금 차이가 있다. 외국의 교재를 보면 답이 나온다. 외국의 교재는 비대칭으로도, 다른 색으로도 성기를 그린다. 희수가 고민하는 성기의 색은 타고 나는 것이다.

4

나의 음경이 휜 것 같아요

사춘기,
너의 기준은 바로 너

생식기에 대한 고민은 여자만의 것은 아니다. 남학생에게도 흔한 문제이다. 그나마 여자아이들은 화장실을 사용할 때도 문을 닫고 개인적인 공간에서 해결한다. 그러나 남학생의 소변기는 다르다. 고개를 빼면 남의 것도 볼 수 있는 환경이다. 때로 이런 것들이 아이들에게는 더 큰 스트레스로 작용할 수 있다.

나는 고양이 입양이동봉사를 하다가 TNR 봉사를 하게 되었다. 그러다 보니 고양이가 눈에 밟히고 입양을 하게 된 경우였다. 처음 주말에 이동봉사를 할 때는 잘 몰랐던 사실이 있다. 단지 입양하는 집으로 고양이와 다른 봉사자, 그리고 고양이 물품을 싣고 가면 그만이었다. 지역은 대개 경기 외곽이었다. 입양계약서고 입양자 심사고 뭐고 차 안에서 울지도 못하고 겁에 질려 있는 아이가 불쌍하기만 했다.

그다음 지역에서 진행하는 TNR이라는 사업으로 퇴근 후 봉사를 하게 되었다. 혹서기와 혹한기에는 길고양이 건강 때문에 하지 않는다. 길고양이 TNR(trap-neuter-return)은 개체수 조절을 위하여 인도적으로 포획하고 중성화 수술 후 원래 포획한 장소에 풀어주는 활동을 말한다. 지역 캣맘들의 협조가 절대적이었다. 내가 사는 시청도 협조적이고, 수술을 하는 병원도 인도적이었다. 중성화 수술 후 바로 길에 풀어놓지 않고 밥도 먹이고, 약도 먹여서 3일 정도 보살피다 원래의 캣맘 지역에 방사하는 것이었다. 때로는 고양이가 마취에서 깨어나지 못하는 경우도 있고, 탈출하는 경우도 있었다. 물론 수술 후 면역에 취약한 고양이들이기 때문에 하루 2-3명만 참여했다. 그 과정에서 발정기 고양이 소리 때문에 민원이 많다는 것을 알게 되었다.

길에서 야생성을 버리지 않은 고양이들은 봉사자들을 경계했다. 서운해 해서는 안 된다고 한다. 사람에 길들여지면 다시 길로 가는 것이 힘들기 때문이다. 때로 수컷고양이를 포획해도 수술하지 않고 다른 방에서 맛있는 것을 먹이고 풀어주는 경우도 있었다. 그 지역 대장고양이란다. 중성화수술을 하고 나면 지역을 지키지 못해 다른 수컷들이 와서 싸우니

이를 방지하기 위해선 대장이 필요하다고 했다.

수컷 고양이의 성기에는 가시가 달려 있다고 한다. 수컷이 성기를 뺄때 고통이 자극이 되어 암컷이 난자를 배출한다. 그래서 발정기 고양이들은 고통 섞인 소리를 낸다고 한다. 전혀 몰랐던 사실이었다. 난 그동안 자리다툼을 하는 것으로만 생각했다. 길거리에서 동물의 왕국을 찍는 줄은 상상도 못했다. 지역 캣맘들은 그래서 개체 수 조절 및 민원방지를 위해 밥을 주기도 하고, TNR 사업을 시와 함께하기도 하는 것이다.

고양이를 입양했다. 우리 '누리'가 6개월이 되었을 때 '냥춘기'가 왔다. 몸을 부비고 애교가 많아졌는데, 어딘가 불편해 보였다. "야옹, 야옹" 우는 것은 기본이었다. 병원에 가서 상담을 하니 발정기라고 했다. 평생 같이 살거니 중성화 수술을 했다. 자궁을 들어낸 것이다. 장난도 많고 뛰는 것도 좋아하는 아이가 비실비실거리니 마음이 아팠다. 우리 집 고양이의 중성화 수술을 겪고 나니 길에서 자궁 혹은 고환을 들어내야 하는 길고양이들이 더욱 안타까웠다.

거미원숭이의 성기도 가시가 있다. 가시 덕분에 교미하는 동안 암컷 몸에 매달릴 수 있다. 주머니쥐는 음경이 2개라고 한다. 다행히 암컷주머니쥐의 질도 2개다. 동물들의 특이한 생식기는 상식을 뛰어넘지만, 생존을 위하여 이렇게 생긴 것이다.

　남성의 음경은 심플하다. 앞으로 쭉 뻗어 있을 뿐이다. 어느 날 강민이가 찾아왔다. 할 말이 있어 보이는데 빙빙 돌기만 하다 나갔다. 성적인 문제다 보니 강민이의 고민은 쉽게 털어놓지 못했다. 나도 상담 선생님도, 담임 선생님도 아이와 이야기를 해보았지만, 쉽게 입이 떨어지지 않았다. 지켜만 보던 강민이의 고민은 다른 곳에서 알게 되었다. 삼성드림 클래스 수업을 받던 대학생 선생님에게 고민을 이야기한 것이다. 같은 남자라 말하기가 더 쉬웠나 보다. 그 선생님과 2년 동안 친분을 쌓은 것도 한몫했다.

　우리 사회는 외모가 인생에서 미치는 영향이 아주 크다. TV만 봐도 그렇다. 예능 프로에서도 예쁜 여성 게스트가 나오거나 훈훈한 남배우가 나오면 분위기가 달라진다. 이런 사회적 분위기에서는 사회가 원하는 기준으로 나를 맞추어야 한다. 지나치게 외모에 관심을 가지거나 스스로를 혐오스럽게 생각하기도 한다. 여자아이들은 아이돌처럼 마르고 예쁘기를 원하고, 남자아이들은 식스팩과 어깨 깡패가 되고 싶어 한다.

　사실 아름다움의 기준은 시대마다 다르다. 양귀비의 그림을 본 적이 있다. 경국지색이라는 양귀비는 그냥 퉁퉁한 중국 아줌마였다. 당나라에서는 나도 미인이었다. 책에 나온 미의 기준이 있다. 모두가 이렇게 생겼는데 나만 다르다면 어떨까? 성인이 되어보니 책이 틀렸다는 것을 안다. 다르게 생긴 것뿐이다. 그러나 아이들도 이렇게 생각할 수 있을까?

설명이 없다면 어떤 기준과 다르다는 것만으로 틀리거나 모자른 것으로 생각될 수 있다. 사람마다 모습도, 성격도, 재능도 다르다. 외모로만 평가하는 것은 옳지 않다. 강민이의 고민은 자기의 성기가 휘었다는 것이었다. 마침 대학생 형도 "야, 나도 휘었다."라고 말했다고 한다. 고민하던 강민이의 얼굴이 밝아졌다. 담임 선생님은 집에 전화를 걸어 아이가 고민이 있으니 아빠 엄마랑도 이야기를 해보라며 상황을 귀띔해주었다.

물론 치료가 필요한 경우도 있다. 음경만곡증이다. 페이로니병(Peyronie's disease)이라고 부른다. 발기를 할 때 휘는 질환이다. 강현이는 자기가 이 병에 걸린 줄 알았다는 이야기가 있다. 인터넷이 발달하니 아이들이 자기의 증상을 찾아본 것이다.

일반적으로 남성의 음경은 휘어져 있다. 완벽한 일자로 쭉 뻗어 있는 상황은 존재하지 않는다. 약간 휘어진 형태가 정상이다. 상하좌우 어느 방향이든 말이다. 따라서 약간 휘어졌다고 해서 강현이가 걱정하는 것처럼 무조건 음경만곡증이라고 생각하면 안 된다. 발기 전에는 눈으로 확인해보기 쉽지 않다. 발기 후 각도나 병원검사로 확인하면 된다. 음경만 곡증은 음경해면체의 발달이 불균형적으로 이루어지거나 외상에 의해 발생한다.

희수나 강민이가 겪는 문제는 본질적으로 같다. 희수도 강민이도 교재와 내가 다르다는 것에서 고민이 시작되었다. 앞에서 이야기했듯이 우리의 성기가 대칭적이거나 교과서적으로 일직선이라는 것은 말이 안 된다. 코뼈가 휘어도 코는 코일뿐이다. 냄새를 맡고 기능에 이상이 없으면 괜찮다는 것을 우리는 안다. 분홍색을 고민하는 희수나, 일직선이 아니라는 강민이도 마찬가지이다. 우리나라의 교재는 성교육 선진국들과 다른 측면이 있다. 그러나 이런 것들을 교정하는 움직임도 있다. 앞으로의 성교육 교재나 참고도서는 아이들의 다양한 요구를 반영하게 될 것이다.

5

낙태가 왜 나쁜 건가요?

**사춘기, 결정도 내 몫, 책임도 내 몫,
책임질 줄 아는 어른으로 성장하자**

2019년 4월 11일은 의미가 있는 날이다. 중국 상하이에서 임시정부가 수립된 지 100주년이 되는 날이다. 대한민국 임시정부의 법통과 역사적 의미를 생각하면 기념할 만하다. 그러나 여성계에서 2019년 4월 11일은 다른 의미로 중요한 날이다. 1953년 낙태죄 조항 도입 이후 66년 만에 낙태죄가 '위헌'이라는 판결을 내린 날이다. 이제 낙태는 '죄'가 아니다.

아이들과 함께 국악 공연을 보러 갔다. 목요일 오후라 교복 입은 아이들도 있었고, 주로 젊은 사람들이 많은 공연이었다. 뒤에 위치한 아이들이 떠드는 소리가 들린다. "○○, 파이팅!!" 하고 소리친다. 연주자들이 무대에 오르자 열정적으로 환호한다. 오늘 공연하는 연주자 중에 학교 친구가 있는 듯했다. 학생들의 공연예절은 좋았다. 공연도 훌륭했다. 인터미션 기간 동안 1층 커피숍에서 교복 입은 아이들의 목소리가 들려왔다.

"생명이 더 소중한 거지."

"아냐. 그럼 아기만 소중하고, 여성은? 내 몸의 주인인데 결정권이 없는 거야?"

"다르게 생각해봐. 여기서 남친은 왜 아무 말 안하는데?"

"우리 대화 정리하고 있는 거지? 법이 바뀌니 자료가 별로 없어."

들어보니 조별 과제인 것 같다. 주제는 낙태. 처음엔 욕과 비속어를 섞어서 큰 소리로 말하는지라 싸우거나 학생들 문제인 줄 알고 귀를 쫑긋했다. 학생들은 숙제를 하느라 사람들이 다 쳐다보고 있는 것도 모르는 것 같았다. 대학을 다니는 아들이 말한다. "저거, 나 고등학교 때도 했던 숙제야."

쉬는 시간 아이들의 대화는 낙태가 죄냐, 아니냐로 계속 이어졌다. 옆에서 음료를 마시던 딸이 말한다. "저거 낙태죄 폐지가 이슈인가 봐." 왜 그렇게 생각하냐고 물으니, 중학교 때는 낙태가 '죄'라고 들었다고 했다. 그런데 고등학생이 되고 나서 낙태죄가 폐지되었고, '낙태'라는 단어보다

'임신중절'이라는 단어를 쓴다고 했다. 딸 학교는 보건수업이 있는 몇 안 되는 고등학교 중 하나다. 딸의 말로는 '낙태'라고 하면 아기, 즉 태아의 이야기라고 생각하고 태아가 주인공인 느낌이란다. 그런데 '임신중절'이라고 하면 엄마의 이야기라는 생각이 든단다. 딸은 "이건 엄마가 항상 내 몸의 주인은 나라고 하잖아. 그럼 포커스도 엄마한테 가야지."라고 한다.

성교육하는 엄마를 두어서인지 아이들은 잘 알고 있었다. 사실 낙태인지 임신중절인지는 중요하지 않다. 사춘기 학생들뿐 아니라 성인에게도 이야기하기 힘든 부분이다. 단지 의료적인 시술이 아니라 윤리적인 문제가 있기 때문이다. 여기에 종교가 추가되면 더 힘들다. 그러나 내가 자라던 시기와 달리 현재는 임신중절을 합법화하거나 제한규정을 완화하는 것이 세계적인 추세이다. 이유는 간단하다. 나 자신에게 일어나는 일이기 때문이다. 임신중절에 대한 결정권은 국가가 지는 것이 아니다. 내 몸의 주인이 나듯, 그 결정 또한 나에게 있기 때문이다.

세계보건기구도 안전하고 합법적인 임신중절이 여성의 권리라고 본다. 사실 낙태나 임신중절이 죄냐 아니냐를 따지기 전에 제대로 된 피임 방법이 더 중요하다. 그저 임신중절이 나쁘고 성관계를 하지 말아야 한다는 교육은 이제 끝났다. 청소년뿐 아니라 여성이 안전하게 성관계를 하고 피임을 하는 방법에 대한 구체적인 교육이 필요하다. 모든 성관계에는 책임이 따른다. 사회적인 인식도 같은 방향으로 가야 한다. 성별에 상관없이 쾌락에 대한 책임을 지는 것은 남녀 모두에게 필요하다. 그것이 출산이든 임신중절이든 말이다.

아들이 대학을 가며 기숙사를 가게 되었다. 또래에 비해 보수적인 남편은 걱정이 많았다. 남편의 바람은 이거다. '사고 치지 말고, 니가 친 사고는 네가 책임지고, 상황이 너무 버거우면 엄마 아빠에게 도움을 청할 것.' 내가 대학을 다닐 때 요즘 말로 '남사친'이 있었다. 20살에 만난 친구와 아직도 연락을 주고받으며 지내고 있다. 심지어 남편도 같이 만나 저녁을 먹기도 한다. 그 친구는 나보다 늦게 결혼은 해서 딸만 둘이다. 아이들이 어릴 땐 그 친구의 부인과 함께 만나기도 했다. 아이들에게 "엄마가 그때 그 삼촌하고 넘지 말아야 할 선을 넘었으면 지금 서로 얼굴을 못 봤을 거야."라고 했다. 우정이 지속된 경우였다.

나는 '낙태는 살인'이라고 배우고 자란 세대이다. 아직도 유튜브 등 동영상 사이트에는 낙태 영상이 떠돌아다니고 있다. 충격을 주었던 태아를 조각조각 자르는 영상은 아직도 기억이 난다. 심지어 설명을 하는 성우의 굵은 목소리까지 말이다. 이런 영상을 본 아이들은 '낙태는 살인'이라고 생각하지 않을까 싶다.

저녁 모임에 나갔다. 엄마와 아이들이 같이 모이는 모임이었다. 나이가 들다 보니 1~2명씩 폐경을 맞이하고 있다. 그중 수진이 엄마는 요즘 갱년기인가 보다. 혼자 얼굴이 발갛게 되더니 식당이 너무 덥다고 한다. 창문을 열고 환기를 하다 보니 슬그머니 혼자 옷을 입는다. 오래된 모임이라 속마음을 너무 잘 털어놓는다. "나 생리가 불규칙하고 더웠다 추웠다 해서 폐경인가 보다 하고 있거든. 2달째 생리를 안 하는데 태몽 같은 걸 꿔서 혹시나 하고 임신진단기를 썼더니 처음엔 한 줄, 오후에 보니까 두 줄이야. 놀래서 약국으로 달려갔더니 다음 주쯤 병원을 가라고 하더라고." 수진이 엄마가 터트린 폭탄에 우리는 쉰둥이를 낳겠다는 둥, 늦둥이를 낳으면 젊게 산다는 둥의 이야기를 하고 헤어졌다.

"엄마, 아까 수진이 아줌마 말야."

"응, 왜?"

"애기 낳을 거래?"

"글쎄, 잘 모르겠는데. 그게 왜 궁금해?"

"아니, 수진이 언니도 잘 건사도 못하시더만, 지금 낳으면 애가 너무 힘들 거 같아서…."

누구나 사람은 자신의 몸에 대하여 스스로 생각하고 결정할 권리가 있다. 사춘기 아이들도 마찬가지이다. 누군가를 사귀거나, 결혼을 할지, 안 할지 말이다. 아기를 낳을지 안 낳을지도 포함된다. 수진이 엄마를 향한 우리의 걱정은 금방 끝났다. 우리와 헤어지며 다른 약국에서 산 임신진단기는 한 줄이었다고 한다. 먼저 것이 불량이었나 보다.

사춘기 청소년에게 낙태가 죄인지 아닌지는 중요하지 않다. 2019년 낙태죄가 폐지되면서 임신 당사자인 여성의 결정이 우선되어야 한다. 애초에 원치 않은 임신을 하지 않도록 성교육해야 한다. 이런 것들이 국가의 책임이다. 내 몸의 결정권은 나에게 있다. 그러니 임신중절에 대한 결정도 나의 몫이다. 더불어, 피임은 여성만의 책임이 아니라는 것이 더 중요하다.

6

포경수술, 꼭 해야 하나요?

사춘기도
수술은 무섭다

사춘기 남자아이를 키우는 부모라면 한번쯤 고민해보는 일이 있다. 바로 '포경수술'이다. 우리가 자랄 때는 꼭 해야 하는 수술이었다. 큰오빠, 작은오빠가 겨울방학에 병원에 다녀와서 누워 있었던 기억이 있다. 그러나 요즘에는 수술을 할지 안 할지가 모두 사춘기 청소년 당사자의 선택이다.

인환이는 중학교 2학년이다. 매일매일 자질구레한 사고를 친다. 하루라도 얼굴을 안 보는 날이 없다. 그래도 중학생이라 딱 그 만큼의 사고를 저지르는 편이다. 따뜻한 봄날, 아이들이 몰려온다. 인환이가 크게 다쳤다고 한다. 담임 선생님과 뛰어 가보니 겉으로 보이는 상처는 없었다. 다만 아이가 앉지도 서지도 못한다. 어디가 아프냐고 하니 대답을 안 한다.

다른 아이들을 다 보냈다. 담임 선생님과 셋만 남은 상황이다. "인환아, 괜찮아? 어디가 아픈지 이야기해야 도와줄 수 있어." 아이는 대답이 없다. "그래, 어딜 다친 거야?" 담임 선생님이 가운데서 애가 탄다. 말하기 곤란한 부위라는 짐작만 있다.

같이 장난치던 아이들을 데려왔다. 어떻게 다쳤냐고 하니 잘 모르겠단다. 남자아이들의 특징이다. 이럴 때 목격자는 여자아이가 좋다. 상황설명이 가능하다. 하지만 오늘은 남자아이들만 있었다. 6명 다 말이 다르다. 누구는 넘어졌다고 하고, 누구는 밀었다고 한다. 밀었다고 말한 아이는 기억이 없다. 어쨌든 들어보니, 교실 문을 가지고 장난을 친 것은 사실이다. 못 들어오게 밀고 하는 과정에서 인환이가 비명을 질렀다고 한다. 처음엔 자기들도 누가 똥침이라도 하고 도망갔는 줄 알았다고 했다. 항상 웃고 즐거운 인환이가 눈물을 뚝뚝 흘리니 아이들도 놀랐다.

"인환아, 샘은 너보다 더 큰 아들이 있어. 뭐든 괜찮아. 아픈 건 나에게 이야기해도 돼."라고 말해도 아이의 입은 열리지 않는다. "혹시 담임 선생님하고 이야기하기 싫으면 나랑만 이야기할까?"라며 담임 선생님에게 눈짓을 했다. 인환이의 담임 선생님은 학교 내 최고의 인기샘이다. 아직

20대인 학교 내 유일한 처녀선생님이다. 눈치 있게 담임 선생님이 엄마에게 연락한다며 밖으로 나갔다.

"거기가 너무 아파요…." 모기 목소리로 인환이가 말한다. "그래, 걸을 수 있겠니?"라고 물었다. 인환이가 고개를 끄덕인다. "그럼 화장실 가서 니 고환이랑 음경 모양 보고 와. 할 수 있지? 그리고 다치고 나서 소변 봤니?" 하니까 아직 화장실을 안 갔다고 한다. 나는 인환이에게 고환과 음경의 모양을 먼저 살펴보라고 했다. 그리고 화장실에서 소변을 볼 때 오줌 색깔이 어떤지 말해달라고 했다.

엉거주춤, 인환이를 화장실까지 부축했다. 걷는 게 불편하다. 화장실에 다녀 온 아이는 모양은 잘 모르겠고, 소변 색깔에 피 같은 것은 없다고 했다.

담임 선생님이 계속 보호자에게 연락을 하고 있었다. 아빠 엄마 모두 통화가 되지 않는다. 아직 아랫배가 아픈 인환이와 함께 학교 근처 비뇨기과를 향했다. 의사선생님은 내 얼굴을 보자마자 또 왔다는 얼굴을 하신다. 눈인사를 한 나는 상황을 설명했다.

인환이가 대기실에서 내게 딱 달라붙어 있다. 2년 만에 처음 보는 풀이

죽은 모습이다. "인환 학생, 검사실로 오세요."라는 방송이 들린다. 대기실에서 기다리며 검사실을 다녀오라고 했다. "혼자 들어가요?" 인환이가 묻는다. 내가 대답하기도 전에 "학생 혼자 들어오세요." 하고 간호사가 먼저 말한다. 키가 학교에서 제일 큰 인환이다. 중학교 2학년인데 180cm를 넘은 아이다. 아이의 표정이 더 일그러진다. 누가 보면 도살장이라도 끌려들어가는 표정이다. 인환이는 눈물을 그렁거리며 의사선생님을 따라 검사실을 들어갔다.

진료를 마치고 나온 인환이는 한결 후련해진 표정이다. 이름을 불러 다시 진료실로 들어갔다. "괜찮아요, 초음파도 결과가 좋고, 그냥 타박상입니다. 배는 며칠 아플 수 있어요."라고 의사샘이 말한다. 약을 처방받고 문제없으면 다시 안 와도 된다고 한다.

"학생에게는 말했는데요. 인환이는 자연포경이라 수술 안 해도 됩니다." 갑자기 의사선생님이 내게 말한다. 그리고 "학생이 넉살이 좋네요. 다친 것은 괜찮다니까 저한테 포경수술 해야 되는지 물어서요."라고 말한다.

진료를 마치고 돌아오는데 인환이 아버지에게 전화가 왔다. 아빠는 회의 중이고, 엄마는 사우나를 가느라 전화를 못 받았다고 한다. 4대 독자라 심장이 덜컹 내려앉았다며 결과를 묻는다. 상황은 담임 선생님께 들었을 거고, 진료결과를 말했다. 인환이에게 전화를 바꿔주었다.

"아빠, 나 수술 안 해도 된대." 인환이의 첫 마디다. 다친 게 단순 타박상이라니 오랫동안 고민해온 포경수술 이야기가 더 급했나 보다. "선생님이 자연포경이라 수술을 안 해도 되고, 잘 씻고 말리라고 했어." 하며 통화를 마친다.

전화기를 내게 돌려준 인환이는 아빠가 자꾸 이번 겨울방학 때 고래를 잡으라고 해서 싫다며 싸우고 있었다고 했다. 자기가 찾아보니 수술을 안 해도 되는데, 아빠가 극성이라고 한다. 장난치다 다쳤을 때 눈물이 그렁그렁하더니만, 상황이 좋아지니 해맑다. 애는 애다.

다음 날, 문이 열리고 팔이 쑥 들어온다. 고개를 들었다. 초콜릿이다. 인환이가 들어오지도 않고 고개를 빼꼼 내민다. "저, 어제 일이요. 잊어주시면 안 돼요?" 인환이가 작은 목소리로 말한다. 어제는 급했는데, 하루 지나고 안 아프니까 내 얼굴을 볼 수 없다고 했다. 난 대답했다. "누구신지? 처음 보는 학생 같은데?"

인환이처럼 포경수술을 해야 할지 안 해야 할지 고민하는 학생들이 있다. 포경수술은 음경의 포피를 적당하게 절개한 후 음경귀두를 노출시키는 수술이다. 예전에는 메스를 사용하여 수술을 하는 경우가 일반적이었다. 요즘은 레이저로 수술을 한다고 들었다. 모든 남성에게 포경수술이 필요한 것은 아니다. 발기를 할 때도 포피가 젖혀지지 않는 진성포경이 수술대상이다. 포경수술을 하고 나면 음경포피에 염증이 생기는 일이 적어진다. 소변 찌꺼기가 덜 끼므로 위생에 좋긴 하다. 그러나 수술을 할지 안 할지는 모두 본인이 직접 선택해야 한다. 그리고 무엇보다 중요한 것은 첫째도 둘째도 위생이다.

7

부모님의 성관계를 목격했어요

가족끼리 그러는 거 아니야?
가족끼리도 지켜야 할 예의가 있다

학교 내에서 성교육은 모든 과목, 모든 시간에 걸쳐서 이루어진다. 가정에서의 성교육이 아이가 태어나는 순간부터 일상에서 이루어지는 것과 같다. 교육과정이 정해진 다른 과목과 달리 보건교육은 조금 더 자유로운 수업이 가능하다. 동아리 수업에서도 마찬가지이다. 계획되지 않은 수업에서 꼭 나오는 질문들이 있다.

그중 하나가 성관계에 대한 질문들이다. 포스트잇으로 질문을 받았다. '남자친구가 사랑하는 증거를 보여달래요.' '나 말고 다른 아이들에게 친절한 여친이 서운해요.' '언제 같이 자도 돼요?' '부모님의 성관계를 목격했어요.' 등등

10년째 유치원교사로 일하는 후배를 만났다. 야무지고 일도 깔끔하게 처리하는 친구다. 아이들이 다 천사 같다며 좋아하는 이 친구는 천생 유치원 교사다. 이 후배가 어려워하는 것이 있다. 바로 학부모 교육이다. 요즘은 맞벌이 가정을 위해 평일 오후나 토요일에 학부모 교육을 진행하는 경우가 많다고 한다. 어차피 주제에 맞게 외부에서 강사를 초빙한다. 다른 도시에서 유치원 내 성 문제가 많이 생기다 보니, 요즘은 거의 다 성교육이 주제라고 한다. 이 후배가 유치원에서 일어나는 일들에 대하여 이야기를 하기 시작한다.

대개 이런 학부모 교육은 시간이 한정돼 있기 때문에 교육시간이 정해져 있다고 했다. 그러나 수업을 마치고도 학부모 질문이 끊어지지 않는 시간이 있는데, 바로 성교육이라고 한다. "이런 걸 보면, 정말 부모교육이 중요하다고 생각해요. 준비 없이 부모가 되는 건 맞잖아요. 특히 부모들이 성교육이란 걸 배우지 않았으니 더 그런 거 같아요, 선배."

그런데 교육을 진행할 때마다 나오는 질문이 있다고 한다. 부모의 성관계를 아이가 목격했다는 것이란다. 후배는 다른 유치원 샘들과도 이야기 할 기회가 있었는데, 거기도 그렇다고 했다. 이쯤 되니 부모님의 성관계를 목격하는 일이 예전부터 심심치 않게 있었는데, 대두되지 않을 뿐 아닐까 생각한다며 유치원에서의 일을 이야기해준다.

"선생님, 선생님"

"채율이 안녕? 어서 와. 오늘 기분 어때요? 채율이가 오늘은 엄마랑 헤어진다고 안 우네? 기특하다." 후배는 5살 반 담임이다. 아침에 아이들을 문에서 맞는다.

"어제 엄마랑 아빠가 몸으로 싸워서 채율이는 착한 아이가 되어야 해요."

"채율이 엄마 아빠 싸우셨어? 우리 채율이 속상했구나."

"막막 몸으로 밀고 진짜 싸웠어요." 하며 흉내를 낸다.

순간 후배는 알았다. 봤구나. 유치원 아이들은 순수하다. 엄마 아빠가 집에서 하는 말들을 그대로 옮긴다. 악의가 없으니 가능한 일이다. 아이들은 선생님을 좋아한다. 그래서 우리 집 숟가락이 몇 개인지, 엄마가 어느 아줌마랑 아빠 흉을 보는지도 말한다. 때로는 귓속말로 "옆에 딸기 반 선생님보다 선생님이 더 예뻐요."라고 속마음도 곧잘 이야기한다.

처음에 후배는 저녁에 아이를 데리러 올 때 부모님에게 오늘 유치원에서 이러이러한 일이 있었다며 아이의 이야기를 했다고 한다. 그때 넌지시 채율이 이야기했는데, "이런 상황인 것 같아요." 하면 엄마의 표정이 굳는다고 한다. 교육자로서 "그냥 밝게 이야기해주세요, 성은 자연스러운 것이잖아요." 하기도, "성심성의껏 이야기 해주셔야죠, 성교육이잖아요."라고 하기도 곤혹스럽다. "채율이가 엄마 아빠가 싸우는 줄 알았다고 하는데, 서로 사랑하는 과정이잖아요."라고 유치원 문 앞에 서서 말하기도 힘들긴 하다.

그 이후 후배는 학부모교육 강사에게 주문했다. 이런 상황에 대해 미리 말해주고 혹시 질문이 들어오지 않더라도 대처법을 알려주며 부모님이 해야 할 일에 대하여 꼭 이야기를 해달라고 말한다고 했다.

이런 상황이 비단 유치원에서만 생기는 일일까? 아이들이 사춘기가 되면 일어나지 않는 일은 아닐 것이다. 인간은 누구나 성적인 존재이다. 엄마 아빠도 성적인 욕구가 있다.

아이에게 성관계를 목격당한 것 같다면 부모님이 해야 할 일이 있다. 아이에게 상황을 설명한다. 채율이처럼 엄마 아빠가 싸우고 있었다고 생각할 수 있다. 사춘기 아이라면 몰래 본 음란물에서 본 것을 엄마 아빠가 하고 있었다는 것에 충격을 받을 수도 있는 것이다. 어느 경우든 아이의 기분을 물어보고 상황을 설명하는 것이 필요하다.

사실 성관계는 문제 되지 않는다. 특히 부부 사이에서는 말이다. 들킨 것이 문제다. 애정표현이 문제 되지는 않지만 개인적 공간에서 이루어져야 하는 일이다. 사적인 공간은 서로 존중되어야 한다. 사춘기 아들의 방을 노크하고 들어가는 것도 같다. 부모님의 방문이 닫혀 있으면 먼저 '노크'를 해야 한다.

사춘기 청소년들과 이런 문제에 대하여 이야기할 때 하는 말이 있다. '엄마 아빠도 성적인 존재야, 너희들처럼.' 아이들이 태어났을 때부터 엄마는 '내 엄마', 아빠는 '내 아빠'였다. 연인으로서 썸을 타는 부모님은 상상이 되지 않는다. 아이를 키우면서 부모는 연인에서 육아동지로 다시 태어난 것이다.

성교육 연수를 받던 중 사례발표 시간이 있었다. 젊은 친구였다. 대학생 때 숙제와 시험공부 때문에 새벽까지 깨어 있었다고 한다. 그 시간 부모님의 성관계 소리가 들렸다. 너무 당황스러웠다고 한다. 그 친구는 이걸 들었다고 말하기도, 아무 일 없었던 것처럼 대하기도 어려웠다고 회상했다. 결국 아무런 내색도 하지 않고 넘어갔다. 대학을 졸업하고 지역 여성활동가로 일하는 친구이다. 지나고 생각해보니, 부모님의 성관계가 당황스러운 것은 아니었다고 한다. 다만 평상시에 전혀 느껴보지 않았던, 생각해보지 않았던 부모님의 성적 욕구나 긴장감이 낯설었다고 했다. 아마 평소에 부모님 사이에 애정표현이 전혀 없어서 새로운 모습이라 더 당황스러웠던 같다고 말한다.

유치원 때 접했든, 사춘기에 경험했든, 여성활동가 친구처럼 대학생 때도 마찬가지다. 부모님의 성관계를 접하게 된다는 것은 당황스러운 일이긴 하다. 부부사이에서건 연인사이에서건 성적인 관계는 사적인 공간에서 이루어지는 것이 맞긴 하다. 아이들이 어릴 때는 경계교육이 성교육이다. 나의 사적인 공간을 침범하는 것은 안 된다. 사춘기 친구들이 알아야 할 것이 있다. 엄마 아빠도 연인이었다. 서로 사랑하는 사이이고 성적인 욕구가 있다. 사적인 공간은 존중되어야 한다. 평상시 자연스러운 스킨십, 애정의 자연스러운 표현 역시 중요하다.

8

사후 피임약은 언제 먹어요?

**사후 피임약보다
중요한 내 몸의 건강**

해마다 학교에서는 안전교육을 한다. 학기 중 한 번씩 인근 소방서의 협조를 받아 화재대피훈련을 하고 있다. 복도에서 갑자기 연막이 퍼지고 소방벨이 울리면 선생님들과 아이들은 평소 훈련된 대로 안전한 운동장으로 대피한다. 화재대피 훈련을 한다고 불이 자주 나거나 방화를 조장하지는 않는다. 우리의 안전을 위한 필수적인 훈련이다. 성교육도 그렇다. 피임교육을 한다고 성관계를 조장하지 않는다.

한때 친구와 주말마다 등산을 갔다. 올라갈 때는 괜찮았는데, 내려올 때 무릎이 후들거린다. 안 되겠다 하고 야트막한 동산으로만 산책을 다니기로 했다. 날이 좋아서 그런지 주말마다 각종 장터며 공연이며 다양하게 있었다. 그날은 건강과 관련한 체험이 많았다. 심폐소생술을 직접 해보는 곳도 있었고, 건강차를 마시는 곳도 있었다. 중고등학생들이 많이 모여 있는 곳이 몇 군데 있었다. 주로 먹을 것을 주거나 만들어 가지고 갈 수 있는 곳이었다. 그중 눈에 띄는 곳이 있었다.

천막에 풍선이 달려 있었다. 콘돔이었다. 대학생들이 부스 운영자인 듯했다. 희뿌연 콘돔과 알록달록 눈에 띄는 풍선장식이 눈에 확 들어왔다. 이곳에서는 콘돔을 끼워볼 수도 있었고, 콘돔구입 시 조심할 점이라든지 다른 피임법에 대한 교육 자료도 있었다. 내 눈에는 바람직한 교육이라 생각하고 보고 있는데, 친구의 생각은 달랐나 보다. "요즘은 이런 걸 밖에다 내놓고 교육을 하나 봐. 난 구닥다리라 그런지 좀 민망해." 친구는 그 옛날의 공대 아름이다. 성교육을 이렇게 공론화하는 게 너무 어색하다고 했다. 내가 말했다. "그러면 애들이 나한테 준 질문지 내용 보면 기절하겠네." 친구가 물었다. "어떤 질문인데?" 난 친구에게 감당할 수 있겠냐고 물었다. 친구가 고개를 끄덕인다. 내가 말했다. "사정을 밖에 해도 임신을 해요?" "저번에 밖에 쌌는데 임신을 안 했어요. 그럼 콘돔을 안 껴도 되는 거 아니에요?" "옷 입고 부비부비만 했는데 임신하나요?" "그래도 삽입을 안 하면 임신할 가능성이 없지 않나요?"

모범생으로만 살아 온 친구는 경악을 한다. 차마 더한 것도 있다고 말을 해줄 수 없었다. 친구도 사춘기 딸과 아들을 키우고 있다. 난 "너네 아이들도 이런 질문을 끊임없이 인터넷에 물어봤을 거야."라고 말했다. 아이들이 인터넷에서 잘못된 '카더라' 정보를 얻는 것보다는 차라리 공론화시키는 것이 훨씬 낫다고 생각한다.

요즘 많이 나오는 질문 중 하나는 '사후 피임약'에 대한 질문이다. 어디서 사는지, 어떻게 구입하는지, 언제 먹는지다. 임신과 피임에 대한 많은 궁금증을 우리 아이들은 가지고 있다. 학교에서 배우지만, 성교육은 개별화 교육이 아니다. 나에게만 적합한 맞춤교육을 할 수 없다. 하지만 아이들이 친구들이나 영상에서 잘못된 정보를 받아보는 것보다 이런 열린 공간에서 정보를 얻는 것이 바람직하다. 사후 피임약을 언제 먹을지, 어느 피임방법이 좋은지에 앞서 생각해볼 것이 있다. 바로 내 몸의 건강함이다. 아무리 좋은 피임방법도 나의 건강을 해친다면, 좋지 않다. 100명이 칭찬하는 사람이 있어도 내게 나쁘면 그 사람은 나쁜 것처럼 말이다.

우선 나의 몸을 잘 알아야 한다. 생리주기에 대해 기억하는가? 초경 이후 1년간 생리가 불규칙할 수 있지만, 대개 28~30일 주기로 생리주기가 정착된다. 물론 사람의 몸은 기계가 아니라 조금씩 달라질 수 있다. 사람마다 다르므로 나의 생리주기를 잘 기록해야 한다. 다음 생리 예정일 전 14일이 배란기다. 예상가임기는 배란기를 포함한 일주일 정도이다. 가임기에는 임신확률이 높다. 그러나 이런 생리주기법만 믿으면 안 된다. 일단 생리주기가 불규칙한 사람은 이런 방법을 사용할 수 없다. 평소 생리주기가 규칙적이라고 하더라도 컨디션이나 스트레스 등으로 변할 수 있다.

가장 대중적인 피임법은 남성의 콘돔이다. 친구와 내가 등산길에서 본 것처럼 말이다. 콘돔 사용법을 잘 모르거나 불량품을 사용하면 터질 수 있다. 편의점에서 우유를 살 때 유통기한을 확인하는 것처럼 콘돔도 유통기한이 있다. 유통기한을 확인하자. 콘돔을 꺼내면 방향을 확인하고 콘돔 끝의 공기주머니를 비틀어 잡는다. 공기를 빼야 나중에 정액이 채워질 수 있다. 음경에 살살 끼운 후 성관계 후 제거한다. 그리고 매일 약을 먹는 경구피임약도 있다. 매일 약을 먹는 것이 힘들다면 몇 달에 한 번씩 배나 허벅지에 주사를 맞는 방법도 있다. 요즘에는 팔에 피임기구를 심는 방법도 나왔다. 팔에 붙이기도 한다. 모두 호르몬 수치를 이용한 방법이다.

콘돔을 끼우는 모형을 보고 경악을 했던 친구는 이제 좀 진정이 되었다. 그러면서 동네에서 일어난 일을 이야기해준다. 교복을 입은 아이들이 약국에서 사후피임약을 찾았다고 한다. 처방을 받아야 한다고 하니까 웅성웅성 하고 나가서 조용한 동네가 발칵 뒤집혔다고 했다. 친구는 그

소문을 듣고 응급피임약이라는 것을 알았다고 했다. 성인인 나도 모르는 것을 요즘 학생들이 더 빨리 안다고, 세상이 많이 변했다고 한다.

아이들은 사후피임약을 언제 먹는지 많이 궁금해한다. '응급피임약'이라고 부르는 이 약은 피임을 하지 못하고 예상치 못한 성관계를 하거나 성폭력, 혹은 실수가 생겨 임신을 막기 위해 먹는 약이다. 일단 '사후피임약'을 구하기 전에 알아두어야 한다. 이 약은 고농도다. 경구피임약보다 큰 부작용이 있을 수 있다. 본인의 의사에 따라 '사후피임약'을 먹기로 결정했다면, 성관계 후 빨리 먹어야 피임확률이 높다. 그런데 돈만 낸다고 무조건 살 수 없다. 이 약은 반드시 의사의 처방이 필요하다. 앞서 말한 것처럼 부작용이 심해서이다. 늦은 오후이거나 주말이라면 응급실을 방문해서 처방을 받아야 한다. 종교적인 이유로 처방이 불가능한 병원도 있다는 것을 알아야 한다.

어느 피임방법을 사용하는지, 응급피임약이 필요한지 고민하는 사춘기 아이들이 원치 않는 임신 및 출산 때문에 고민하는 경우가 많다. 부모님은 어떤 일이 있어도 자녀의 편이다. 실망스러울까 봐 걱정이라면 여성가족부의 가족상담전화도 있다. 익명으로도 상담을 할 수 있고 어떤 결정을 하든지 상담을 받아보는 것을 권한다.

9

임신만 안 하면 되는 거 아니에요?

사춘기의 좋은 경험은
성인이 되어 인간관계의 바탕이 된다

청소년들에게 건전한 이성교제를 해야 한다고 말한다. 이성교제 시 지켜야 할 예절에 대해 대화한다. 그럼 청소년들의 건전한 교제는 정신적인 사랑이나 호감만 의미하는 걸까? 사춘기 청소년의 스킨십은 어디까지 가능할까? 아직 어리니까, 아직 10대니까 정신적인 사랑만 가능하고, 성관계나 피임, 성병 등에 대하여 논하는 것은 아직 이르다고 말한다. 그럼, 성인이 되면 이런 것들은 어디에서 배울까?

고등학교 1학년 아이가 찾아왔다. 희수다. 표정이 좋지 않다. "얼굴이 왜 그래? 어디 아파서 그래?"라고 물었다. 아빠한테 혼났다고 했다. 희수가 새로 사귄 남자친구와 집에 단 둘이 있었다고 한다. 아빠랑만 살기에 아빠가 출장을 가면 고모가 집에 오는 아이다. 아빠가 출장 간 줄 알았는데, 문을 열고 들어오셨다고 했다.

서로 옷 속에 손을 넣고 있었던 희수와 남친은 너무 놀랐고 당황스러웠다고 한다. 사춘기가 되면 2차 성징이 나타나며 남녀 모두 신체변화가 일어난다. 성에 대한 자각이 커지면서 이성에 대한 호기심이 생긴다. 희수는 아빠가 이성교제를 반대하는 이유는 공부 때문이라고 생각한다. 공부에 온 정신을 쏟아도 인서울 하기 힘든데 다른데 신경 쓰는 게 못마땅하다는 거다. 오늘처럼 집에 아무도 없다고 조몰락거리고 있다가 임신이라도 하면 어쩌냐며 그냥 두고 볼 수 없다고 혼났다고 한다.

희수는 "새로운 남친이 좋다는 거지, 공부를 안 한다고 하지 않았다."라며 억울해 한다. "저 억울해요, 남친 만나면서도 저 계속 등급 유지하고 있는데, 아빠는 무조건 반대해요."라고 말하며 운다. 희수는 저희도 선은 지킨다며 억울하다고 한다.

사춘기 아이들은 좋아하니까 만나고 싶고, 특별한 관계가 되고 싶어서 이성교제를 시작한다. 남친이 친절하거나, 잘생겨서, 맛있는 것을 잘 사주거나, 운동을 잘해서 만난다. 여친이 예쁘고, 잘 웃어줘서 만나기 시작하는 경우도 있다. 굳이 이성교제가 아니더라도 마찬가지다. 친구를 사귀기 위해서는 서로에 대한 배려와 존중이 필요하다. 이성간에는 더욱 그렇다. 좋은 이성친구가 되려면 노력이 필요하다. 그러나 사춘기에는 좋은 관계를 유지하기 위한 노력이 덜하긴 하다. 사춘기가 되면 감정상태가 불안정하기 때문이다.

좋은 감정으로 관계를 맺는 것과 그 관계를 잘 유지하는 것은 다르다. 처음 시작은 단순히 좋은 감정으로 연애를 할 수 있다. 그러나 이성교제를 한다는 것은 그 상대방을 이해하고 배려하는 것이다. 그렇게 노력하며 그만큼 책임지는 것이다.

사실 아이들이 이성교제를 시작한다는 것은 정상적으로 성장하고 있다는 증거다. 바람직한 방향으로 가는지만 지켜보면 된다. 성인들도 경험했듯이, 아이들이 모두 좋은 연애만 하는 것은 아니다.

희수는 지난주까지만 해도 생식기가 아파서 치료를 받았다는 이야기를 했다. 성관계는 아직 아니라고 했지만, 서로 만지는 것은 좋다고 했단다. 지난번 병원을 다녀온 것은 손가락으로 너무 만져서 염증이 생겨서였다고 했다. 이성교제 시 신체적 접촉을 어디까지 하는지는 아이들마다 다르다. 사실 진한 스킨십이나 성관계를 아무렇지 않아 하는 아이들보다는 가벼운 허그나 손을 잡는 것으로 그치는 아이들이 더 많긴 하다.

희수 아빠가 화를 내는 것도 이 부분이다. 아빠는 희수에게 둘이서만 있는 것은 안 했으면 좋겠다고 했다. 아빠도 당뇨 때문에 단 것을 먹으면 안 되지만, 어느 순간 정신 차려보면 사탕을 빨고 있는 본인을 본다고 했다. 사춘기 아이들은 더 하다. 아이를 못 믿고, 공부를 못할까 봐가 아니라 성적인 충동을 이기지 못할까 봐 걱정된다는 것이다.

희수는 남자친구와의 신체적 접촉이 좋다고 한다. 하지만 저번처럼 아플 정도로 만지는 것은 싫다고 했다. 아파서 병원치료를 받을 정도이면 상대방에 대한 배려가 없는 것일 수도 있다고 하자, 처음이라서 몰랐다고 했다.

자위를 하는 경우도 마찬가지이다. 희수처럼 질염에 걸릴 수 있다. 사실 질염은 흔한 질병이기는 하다. 질의 건강은 산성도가 좌우하지만, 더러운 손가락도 질염의 원인이 되기도 한다.

"삽입만 안 하면 되는 거 아니에요?"

아이들이 이렇게 질문한다. 왜 청소년은 성관계를 하면 안 되는지 묻기도 한다. 10대의 스킨십은 어디까지 가능할까? 단순히 10대이기 때문에 성관계를 하면 안 된다는 것은 아니다. 성인과 청소년의 신체가 다르다. 사춘기 청소년은 아직 성장 중이기 때문이다. 청소년과 성인은 자궁경부세포의 모양부터 다르다. 세포가 자라는 시기에 성접촉이나 외부자극이 있으면 자궁경부의 상피세포가 이상세포로 변할 가능성이 있다. 암 발생 위험이 높아지는 것이다. 청소년기 자궁경부세포는 원주상피세포이다. 성인이 되며 편평상피세포로 바뀐다. 편평상피세포는 튼튼해서 외부감염으로부터 저항력이 있다. 하지만 청소년처럼 세포가 변하는 시기에 자궁경부가 불필요한 자극을 받지 않는 것이 더 좋다.

아이들은 한정된 공간에서 묻는다. 삽입만 안 하면 되지 않느냐고. 어떻게 생각하는가?

삽입은 안 했고 성기끼리 닿기만 했다고 주장하는 아이들이 있다. 남성의 정액 속 정자는 공기중에 노출되면 죽는다. 성기끼리 닿으면서 쿠퍼액이나 정액이 질 안으로 들어가지 않으면 임신이 되지 않는다. 그러나 들어갔다면 임신이 가능하다.

이성교제는 청소년 시기에만 하는 것은 아니다. 성인이 되어서도 연애를 한다. 청소년기에 좋은 관계를 맺는 좋은 경험을 쌓는 것이 중요하다. 동성친구를 사귈 때도 서로 배려가 필요하듯이 이성교제에서는 지킬 것이 더 많다. 부모님과 이야기를 하는 것도 포함된다. 생각보다 많은 아이들이 이성교제를 하며 고민하는 부분은 스킨십과 성관계이다. 지나친 스킨십과 성관계가 부담스럽다면 '싫다'고 거절해도 괜찮다. 만약 거절했다고 상대가 서운해하고 헤어지자고 한다면 헤어지는 게 더 낫다. 상대방에게 거절을 당했을 때, 이성친구가 나를 싫어한다고 오해하거나 자존심 상해하지 말자. 그 친구는 나를 싫어하는 것이 아니라 아직 스킨십이나 성관계가 부담스러운 것이다. 상대방의 거절을 인정하는 것이 연애할 때 지켜야 할 예의이다. 이것은 비단 사춘기 청소년에게만 해당되는 일은 아니다. 앞으로 청소년들이 커서 성인이 되어 연애할 때도 마찬가지이다.

10

생리 중에는 성관계를 하면 안 돼요?

**사춘기 자궁건강,
평생을 간다**

사춘기 청소년이 초경을 시작한 후 평생 3,000일 동안 생리를 한다. 일생 중 8년 동안 생리를 하는 것이다. 먹고 마시고 잠자는 것만큼이나 자연스러운 일이다. 일생 중 8년 동안 여성은 몸의 변화를 경험한다. 때로 생리전증후군으로 힘들어하기도 하고, 무월경이나 과다월경을 겪기도 한다.

고등학생 1, 2학년과 토요일 오전 외부활동을 나갔다. 활동을 마치고 버스와 지하철로 돌아오는 길이었다. 환승하는 곳에서 남자아이들은 자기들끼리 다른 모임을 간다며 헤어졌다. 1, 2학년 여학생들만 나와 이동하게 되었다. 오랜만에 바깥활동이라 아이들이 신이 났다. 점심으로 먹은 떡볶이도 맛있었다며 재잘거린다. 연예인 이야기부터 시작된 대화는 요즘 영선이와 강태가 사귄다더라부터 어디까지 진도를 나갔냐고 묻기도 한다. 주제는 다이어트에 새로 나온 핸드폰 이야기까지 다양했다. 아이들은 꺅꺅 소리를 지르고 즐거워했다. 지하철에 우리만 있는 게 다행이었다.

한 달 만에 본 민정이가 정말 날씬해졌다. 원래 살이 많이 쪄서 항상 무릎이 아프다고 했던 아이다. 무릎이 아파서 운동을 격하게 하는 것도 힘들다고 했다. "정말 생리다이어트가 과학적으로 가능해요?" 미란이가 묻는다. 미란이와 민정이는 다른 반이라 오랜만에 얼굴을 제대로 봤다고 한다. 민정이가 생리주기 다이어트를 했단다. 요즘 여자아이들의 최대 화두는 다이어트다. 아이들 말로는 다이어트는 해야 하는데 매달 생리를 하고 있고, 잘만 이용하면 살 빼는 데 도움이 될 것 같다고 한다. 고등학교 2학년인 미란이는 약간 통통하다. 민정이가 다이어트에 성공하니 도전하고 싶다고 한다. 어른들이 보기에는 예쁘기만 한데, 말라깽이가 되고 싶어 한다.

여자라면, 생리 전 미친 듯이 당이 당기는 경험이 있을 거다. 혀가 아리다고 느낄 정도로 달달한 것들을 흡입하고 나면, 죄책감과 함께 일주일 후쯤 생리가 시작된다. 프로게스테론이 과다분비되어서 대사능력이 떨어지고 당도 많이 떨어진다. 자연스레 탄수화물이 생각나게 된다. 거꾸로 이 시기에 식이섬유가 많은 것을 먹으면 혈당도 조절되고 체지방도 늘지 않는다.

또 이때는 몸속 수분이 잘 나가지 않아 많이 붓게 된다. 이때 짠 음식이나 카페인 섭취를 줄이는 것이 다이어트에 도움이 된다. 생리 중에는 몸도 무겁고, 움직이기도 싫다. 생리 3일 후부터 간단한 운동이나 스트레칭을 하면 호르몬을 안정시키는 데 효과적이다. 다이어트를 하려면 굶기보다는 삼시 세끼를 모두 3분의 1 정도만 줄이는 것도 좋다.

생리가 끝나면 이제 다이어트의 황금기인 골든타임이다. 황체호르몬 분비가 억제되고 지방이 잘 축적되지 않는다. 이때 하는 운동이 좋다. 호르몬이 안정되고 근육운동을 하면 대사가 활발해져 살이 잘 빠진다. 그리고 배란기가 되면 다시 움직이기 싫어지니 식욕을 억제하는 것이 다이어트에 도움이 된다. 즉 생리 일주일 전부터 생리 중, 생리 후까지 호르몬의 변화를 이용하여 다이어트를 하는 것이다.

미란이와 친구들은 먼저 생리주기를 알아야 한다는 둥, 내가 지금 초콜릿이 당기는 것은 호르몬의 힘이라는 둥 수다를 떨었다. 민정이는 호르몬으로 인해서 생리를 하는 것은 알지만 어떤 원리인 줄은 잘 몰랐다고 했다. 다만, 생리가 끝난 후 운동과 식이조절을 했더니 살을 빼는 것이 손쉬웠다고 한다. 치킨과 콜라를 좋아하는 민정이었는데, 좋아하는 치킨도 살이 빠지니 끊게 되었다고 말한다. 미란이가 "왜? 왜 그 맛있는 걸 안 먹어?" 묻자 민정이가 답한다. "치킨은 살 안 쪄, 네가 쪄."라는 말이 마음에 너무 와 닿았다고.

우리는 꺄르르 웃었다. 그 치킨집 아저씨 단골을 놓쳤네부터 대단하다까지 아이들은 한목소리로 민정이를 축하해주었다. 책에서만 봤던 다이어트로 성공한 친구가 처음이란다. 나도 남자아이들이 운동으로 살을 뺀 건 많이 봤지만 요요 없이 다이어트를 한 아이가 신기하기도 했다.

살이 빠진 민정이가 보기 좋았다. 다이어트 이야기를 한참 하던 아이들이 목소리를 낮춘다. "근데요, 생리중에는 성관계를 하면 안 돼요?" 미란이가 소곤소곤 묻는다. "사실, 저번에 과학진도가 다 나가서 저희끼리 자습하다가 선생님이 아무 질문이나 하라고 해서 물어봤더니 과학쌤이 뭐라 했는지 아세요?" 미란이와 민정이가 목소리를 높인다. "너 코피날 때 코파냐!" 이러셨다고 한다. 아이들은 우리가 초등학생인 줄 아냐고, 과학적인 근거를 말해야 이해할 거 아니냐며 툴툴댄다.

거꾸로 아이들에게 물었다. "너희는 생리 중에는 성관계를 하면 안 될

거 같아? 어떻게 생각해?" 동아리 회장인 미란이가 말한다. "사실 인터넷에 찾아봐도 잘 모르겠어요. 저번에 생리 중에 호르몬 때문에 설사가 나오는 경우도 있다고 하고, 많은 사람들이 생리 중에 하면 임신이 된다, 안 된다고 하잖아요." 민정이가 덧붙인다. "맞아요, 생리 중에 하면 안전하다는 답변도 많아요." 아이들에게 안전이란 임신이 안 되는 것인가 보다.

생리 중의 성관계는 임신이 되지 않는다는 속설이 있다. 이 말이 맞는 걸까? 사실 이 말이 정확하다고는 할 수 없다. 남성의 정자는 보통 72시간 이상 생존하기 때문에 아무리 생리 중이라도 임신할 가능성이 있다. 임신을 원하지 않으면 피임을 하는 것이 안전하다. 배란주기가 짧고, 생리 기간이 긴 여성이라면 생리가 끝날 쯤에는 임신이 가능하다. 정자가 여성의 몸속에서 3일 이상 남아 있기 때문에 난자와 만나 수정이 이뤄질 수 있는 것이다.

생리중 성관계가 임신이 안 된다, 된다고 말할 수는 없다. 다른 문제는 없을까?

민정이는 "아무래도 여자한테 안 좋을 거 같아요. 제가 생리주기로 다이어트를 했잖아요. 일단 내 주기를 정확히 알아야 하고, 신경 쓸 것도 많았어요. 그런데 생리 중에는 아무래도 꼭 몸살같은 게 걸린 거 같잖아요. 몸살 났는데 등산을 하는 것과 같은 거 아닐까요?"

여성의 생식기는 산성일 때가 가장 좋다. 건강하다. 생식기가 산성이라는 말은 질 내 몸에 좋은 균이 많다는 것이다. 알칼리로 변하면 생식기에서 냄새가 난다. 질염이 될 수도 있으니 병원진료가 필요하다. 즉 여성의 질은 평상시에 산성이다. 생리를 하게 되면 생리혈이 나오게 된다. 피는 중성이다. 평소 건강하던 산성상태의 질이 아니게 된다. 외부균에 대한 저항력이 낮아지게 된다. 단지 생리를 하는 건데도 그렇다.

그런데 생리 중에 콘돔 없이 성관계를 하게 된다면 질에 바이러스나 나쁜 균이 들어올 수 있다. 이는 콘돔을 사용해도 마찬가지다. 생리 중에는 자궁경부가 더 자극을 받을 수 있고, 자궁내벽에 상처가 생길 수도 있다.

11

우리 반에서 나만 생리를 안 해요

사춘기 2차 성징은 개인차가 있다.
나만의 속도로 성장한다

토마스 풀러가 말했다. "사람의 불행과 행복을 좌우하는 것은 비교다" 모든 사람이 똑같을 수 있을까? 프랑수아 를로르의『꾸뻬씨의 행복 여행』이라는 책이 있다. 이 책에서 정신과 의사인 주인공이 말하는 행복의 첫 번째 비밀은 자신을 다른 사람과 비교하지 않는 것이라고 말했다.

어릴 때의 일이다. 난 키만 불쑥 크고 2차 성징이 느린 편이었다. 그때는 중학생이 되면 해마다 생리를 하는 아이들의 숫자를 조사했다. 나중에는 아직 생리를 하지 않는 아이들의 손을 들게 했다. 2학년 때는 10여 명이던 친구들이 중학교 3학년이 되자 나와 다른 친구 둘뿐이었다. 심지어 내가 중학교 1학년 때 초등학교 5학년이던 동생은 이미 초경을 시작했다.

그때는 인터넷 정보도 없었고, 물어볼 데도 별로 없었다. 그냥 긍정적으로 생각했다. 키가 제일 크니 곧 다른 성장도 오리라 하고 태평하게 생각했다. 그런데 나와 같이 손을 든 다른 친구는 달랐다. 매일 안절부절못했다. '왜 너랑 나랑은 생리를 안 하지?' 궁금해했다. 난 그렇게 궁금하면 병원이라도 가보라고 대답했다. 초등학교 6학년 때 이후 키가 안 크던 나와 달리 그 친구는 조금씩 자랐다. 나는 키가 먼저 크고, 그 친구는 키가 나중에 컸지만 별로 걱정되지는 않았다. 남들이 다 하는 초경을 안 할 리가 없다고 생각했다. 물론 2달 먼저 초경을 시작한 나를 엄청 부러워했던 친구도 결국 초경을 시작했다. 초경을 해보니 우리는 월경의 양상도 시기도 다 달랐다. 나는 초경 이후 오랫동안 생리를 하지 않았다. 그 친구는 아직도 28일 주기로 생리를 한다고 했다.

요즘 아이들의 문제는 사실 빠른 2차 성징이다. 영양이 좋아지고 환경이 좋아지며 많은 아이들이 성조숙증으로 고민을 한다. 너무 성장이 빨라서 몸에 나쁜 영향을 줄까 걱정하는 부모들이 많다. 하지만 그 시절의 나처럼 반대의 경우도 항상 존재한다. 중학교 3학년 은숙이가 그랬다. 요즘 아이들은 대개 초등학교 5~6학년에 초경을 시작한다. 우리나라 여학생의 평균 초경 연령은 13.2세라고 한다. 초경은 가족력이 있거나 발육

상태가 좋을수록 빠른 경향이 있다. 은숙이는 동생인 중학교 1학년 세정이가 먼저 생리를 시작하자 더 불안해했다.

은숙이는 "언제까지 기다려야 돼요? 이제 우리 반에 생리를 안 하는 애는 저뿐이에요."라고 말한다. 은숙이가 불안해할 만도 하다. 나는 중학교 3학년 때 친구 하나라도 동지가 있었지만, 은숙이는 전교에 혼자뿐이다. 모든 2차 성징은 개인차가 있다. 은숙이에게 2차 성징이 없다면 만 13세까지 기다려도 된다. 2차 성징이 있다면 만 16세까지 기다리기도 한다. 14세까지도 2차 성징이 없다면 병원진료와 검사가 필요하다.

은숙이에게 2차 성징이 있는지 물었다. 가슴이 생기거나 털이 나는지, 팬티에 분비물이 있는지 말이다. 이것저것 물었더니 작년 말부터 냉이 갈색으로 변하고 있고, 2차 성징의 징후도 보인다고 했다. "그럼 몇 달 안에 초경을 할 거야. 더 불안하면 부모님과 병원을 가보는 게 좋겠다." 하고 말해주었다.

태어나서 1년 동안 사람은 급성장을 한다. 그리고 두 번째 폭풍성장기가 사춘기다. 사춘기 때는 키가 크고 연골이 늘어난다. 하지만 무작정 늘어나지만은 않는다. 어느 순간 연골은 더 이상 자라지 않는다. 이 시기를 결정하는 것이 '성호르몬'이다. 성호르몬 분비가 늦으면 그만큼 키 성장이 오랫동안 지속된다. 키가 큰다는 것이다. 일반적으로 여자가 남자보다 작은 이유가 여기 있다. 남자아이보다 여자아이의 사춘기가 더 빠르기 때문이다.

은숙이와 같은 고민은 승준이에게도 있다. 승준이는 이번에 고등학교 3학년이 되었다. 승준이네 반에서 면도를 안 하는 아이는 승준이뿐이다. 다른 친구들은 고등학교에 들어오자마자 면도를 하기 시작했다. 친구들은 솜털이 난 얼굴이 깨끗하다고 하는데 정작 승준이 생각은 다르다. 아침에 면도를 하고 나와서 점심시간만 지나도 거뭇거뭇해지는 승현이가 남자다워 보여 부럽다. 그나마 음모가 있는 걸로 만족해야 하나 생각한다.

사춘기 변화 중 하나는 털이다. 사춘기가 되면 몸의 털이 굵어지고, 생식기 주변과 겨드랑이에도 털이 난다. 털의 역할은 우리 몸을 보호하는 것이다. 여자나 남자나 생식기나 겨드랑이에 털이 나는 것은 같지만, 남자는 턱 주변에도 털이 난다. 수염이다. 그러나 사람마다 수염의 양상은 다르다. 나는 시기, 나는 방향, 길이와 양도 다 다르다. 심지어 수염이 많이 나지 않는 사람도 있다.

은숙이의 고민은 병원에 가보면 잘 해결될지 모른다. 대한산부인과학회에서는 사춘기 생리와 관련해서 꼭 검사가 필요한 경우를 다음과 같이 정리하였다.

A. 유방발육이 시작된 후 3년이 지나도 초경이 없는 경우

B. 2차성징 발달이 없으면서 13세까지 초경이 없는 경우

C. 다모증을 보이면서 14세까지 초경이 없는 경우

D. 과도한 운동이나 식습관에 문제가 있으면서 14세까지 초경이 없는 경우

E. 15세까지 초경이 없는 경우

F. 규칙적으로 매달 생리가 있다가 생리가 불규칙해진 경우

G. 생리 주기가 21일보다 짧거나 45일보다 긴 경우

H. 생리 주기가 90일 이상인 경우

I. 7일 이상 생리가 지속되는 경우

J. 생리량이 많아서 1~2시간마다 생리대 또는 탐폰을 바꿔야 하는 경우

위의 경우에 해당된다면 부모님과 같이 병원에서 검사를 받아보자.

사춘기가 되면 2차 성징이 나타난다. 보통 여자가 남자보다 1~2년 빠르다. 그래서 키 차이가 난다. 남자는 키가 크고 목소리가 굵어진다. 털

이 굵어지고 고환이 커지며 몽정을 한다. 여자도 키가 커지고 가슴이 발달하게 된다. 털이 나며 월경을 시작한다. 이런 2차 성징은 성호르몬에 의해서 좌우된다. 모든 사람이 똑같을 수는 없다. 2차 성징은 누구에게나 오지만 그 시기와 양상이 다르다. 친구와 내가 똑같이 크지는 않는다. 그러나 사춘기 특성상 다른 친구와 비교를 하게 된다. 비교를 하고 나니 나의 성장은 보이지 않는다. 거기에 사춘기 마음의 변화까지 겹쳐져 조급해진다. 개인차가 있음을 인정하지 않으니 잘못 인식하게 되고 고민을 시작하는 것이다. 2차 성징은 개인차가 있다. 한 명 한 명 성장의 경과가 다르다. 그러므로 나의 몸을 잘 관찰하고 좋은 습관을 가지는 것이 중요하다.

❹ 얘들아 제발, 추억은 마음에만 간직하자

중학교에 근무하면서 선도위원회 및 학교폭력전담기구 회의를 심심치 않게 참여하고 있다. 고등학교에 근무하다가 중학교 선도위원회를 들어가면서 이해가 안 되는 것이 있었다. 아이들의 일탈이 적발되는 과정이다. 사실 고등학생쯤 되면 거짓말도 앞뒤가 맞게 하고, 다들 연기자 지망생인지 나는 항상 속는다. 그런데, 중학생은 다르다.

5월 연휴가 끝난 다음 주 선도위원회였다. 연휴기간에 아이들 몇몇이 한 친구 집에서 음주와 흡연을 하였다고 한다. 물론 아이들이 잘못했고, 어른들도 관심이 부족하긴 했다. 선도위원회가 진행되는 동안, 내 머릿속에는 '와~ 이걸 어떻게 적발했지?' 하는 궁금증이 있었다. 아이들이 등장하고, 부모님들의 의견을 듣고, 적절한 선도를 어떻게 할지 논의 후 회의를 마쳤다. 회의가 끝나자마자 담임 선생님에게 나의 궁금증을 물었다. 간단했다. '카카오톡 프사'에 올렸다는 거다. 이야기를 듣자마자, 우리는 다 "에휴~ 이 빙어 같은…." 했다. 한편으로는 아직 순수하다는 것이 다행이라며 교무실을 나왔다.

성교육을 할 때 이 이야기를 많이 한다. 특히 이성교제를 말할 때는 꼭 강조한다. 요즘 아이들은 영상세대이다. 어딜 가든 '셀카'며 '동영상'이 기본이다. 친구와의 즐거운 시간, 가족과의 즐거운 시간을 기록하고 공유하는 것은 좋다. 친구랑도 좋은 추억인데, 이성친구와의 사진 한 장, 놀러가서의 동영상은 얼마나 좋을까?

그러나 아이들에게 말한다. 추억은 마음에만 저장하자. 이것은 사귈 때도 헤어질 때도 마찬가지이다. 사춘기의 좋은 경험이 평생 간다. 어른이 되었을 때의 연애도 마찬가지이다. 추억은 마음에만!!

5 장

성교육은
결국 인성을
결정한다

1

존중, 성교육의 시작과 끝이다

사춘기, 존중도 연습이 필요하다.
상대방을 배려하는 힘, 가정교육에서 시작한다

세상을 살아가는 데 꼭 필요한 것이 있다. 존중과 배려다. 얼핏 남을 위해주는 것이기도 하지만 내가 존중받는 길이기도 하다. 누구에게도 도움을 주거나 받지 않고 혼자 사는 사람은 삶이 힘들다.

맹자(孟子)의 이루편에 '역지즉개연(易地則皆然)'이라는 말이 있다. 공자의 제자인 안회, 중국역사상 가장 존경받는 하나라의 우왕, 농사의 신 후직에 대한 일화에서 나온 말이다. 맹자가 제자들에게 말하며 이들 세 사람은 처지가 바뀌어도 모두 같게 행동했을 것이라고 말했다. '역지개연' 혹은 '역지즉개연'이란 처지나 경우를 서로 바꾸어놓아도 다 같게 된다는 이야기다. 이게 바로 역지사지다.

아영이는 중학교 1학년이다. 신입생답지 않게 체격이 커서 1학년인 줄 몰랐다. 수더분한 성격에 부스스 잘 웃는 친구다. 중학교에 들어와서 아영이는 신영이, 수민이와 어울려 다니게 되었다. 성격이 활달한 신영이와 운동을 좋아하는 수민이는 자주 투닥거린다. 둘 다 성격이 강하니 하루도 조용한 날이 없다. 아영이라는 완충지대가 없으면 셋은 애초에 헤어졌을 것이다. 수행평가가 거의 끝나는 주였다. 비단 아영이네뿐 아니라 다른 친구들도 서울랜드를 가네, 홍대를 가네 하는 이야기가 들린다. 아이들 입장에서는 수행평가가 끝나고 연휴니 자기들끼리 좋은 시간을 가지고 싶어하는 것이다. 문제는 신영이와 수민이었다.

처음에는 신영이가 강하게 나왔다. "지금 한참 홍대가 재미있을 때야. 롯데월드나 에버랜드는 초딩들이나 가는 거지. 우리 거기 가서 버스킹도 보고 훠궈도 먹자." 놀이공원은 싫다면서 신영이가 말했다. 신영이가 눈웃음을 치며 애교를 부리면 당할 재간이 없다고 한다. 그러자 수민이는 "난 지하철 오래 타고 가는 거 싫은데. 그냥 다른 아이들처럼 롯데월드로 가자." 하고 말했다. 아이들이 모이면 원래 금방 정리가 안 된다. 쉬는 시간, 혹은 점심시간 만날 때마다 토요일 어디를 갈 건지를 말하다 헤어지기를 반복하고 있었다.

정작 문제는 아영이었다. 지나가다가 아영이 표정이 이상해서 불렀다.

"아영아, 어디 아프니? 표정이 힘들어 보여." 아영이는 고개를 푹 숙이고 "아니에요." 하고 간다. 어른들은 평상시에도 속마음을 이야기하지 않는 아영이가 걱정이 되었다. 결국 그주 토요일, 신영이 주장대로 아이들은 홍대나들이를 다녀왔다.

아영이네 반에 전학생이 왔다. 다른 지역에서 이사 온 나현이라는 친구였다. 활달한 수민이는 금방 나현이와 친해졌다. 아영이 모임은 신영, 수민, 나현까지 모두 4명이 다니게 되었다. 그런데 어느 날부터인가 아영이는 혼자 다니기 시작했다. '혹시 왕따인가?'라고 걱정한 어른들은 눈에 불을 켜고 관찰하기 시작했다. 수민이는 "아니에요. 그냥 아영이가 저희를 피하는 거예요."라고 한다. 이유가 뭔지 모르겠다고 한다. 지켜보니 아이들이 말한 대로다. 아영이는 혼자 있는 것을 편하게 생각하고 있었다.

아영이의 문제는 무엇이었을까? 사실 아영이는 할아버지, 할머니와 셋이 산다. 초등학교 때 어떤 사정인지 모르겠으나, 거절당하는 것을 두려워한다. 그래서 친구들 사이에서도 누가 어떤 요구를 해도 다 맞춰주는 편이다. 신영이가 화장을 하자고 하면 얼굴을 대주고, 수민이가 여자도 축구반을 들어가자고 하면 따라 들어간다. 아영이는 자기주장이 없다. 아영이는 거부당하는 것이 싫어서 그냥 아무 말도 안 하고 싶다고 했다.

전학을 온 나현이 눈에는 아영이도, 신영이나 수민이도 이상해 보였다고
한다.

"너네는 왜 아영이 의견은 안 물어봐?" 나현이가 말했다. "사실 아영이
는 홍대나 롯데월드 말고 다른 곳을 가고 싶었을 수도 있잖아. 근데 왜
안 물어봐?" "그리고 아영이 너는 왜 의견을 말하지 않아?" 나현이의 궁
금증이다. 나현이는 전학을 온 자기를 챙겨준 수민이나 같이 놀아주는
신영이, 아영이 다 좋지만 이상한 것은 이상한 거다. 사실 아영이는 자신
의 의견을 말하는 것이 두려웠다고 한다. 자존감이 바닥이었다. 그리고
이제 지쳐서 혼자만의 시간이 필요했다고 한다.

나현이 말이 맞다. 신영이와 수민이는 자기 입장만 주야장천 주장하지
말고, 아영이의 의견을 물어봤어야 한다. 그러나 아영이도 해야 할 것이
있다. 말하지 않으면 아무도 모른다. 나의 생각, 좋은 느낌, 싫은 느낌 등
말을 해야 상대방의 존중을 받을 수 있다. 이것은 성인이 되어서도 마찬
가지다.

오래전 직장 회식에서의 일이다. 난 음치다. 노래방이 유행할 때의 회
식이 얼마나 싫었는지 모른다. 심지어 내가 다니던 직장에서는 연말 노
래자랑도 있었다. 저녁마다 팀을 짜서 안무를 연습하기도 했다. 지금은

있을 수도 없는 일이었다. 그렇지만 회식은 계속되었다. 상상해보라. 노래 안 부르겠다는 사람을 억지로 시킨다. 내 노래의 전주가 끝나지도 않았는데, 다들 자기들이 부를 다음 곡을 찾는다. 나를 쳐다보지도 않는다. 나름대로 분위기를 띄어보겠다고 댄스곡을 틀고 혼자 탬버린을 쳤다. 민망하고 자괴감까지 들었다. 이때 나와 같이 탬버린을 흔들어주는 동료가 있다면 얼마나 고마운지 모른다. 나는 생각한다. 그는 '당신은 중요한 사람이고, 난 당신에게 집중하고 있다'고 동료는 몸으로 보여준 것이다. 이게 존중이다.

그러나 이런 존중은 태어날 때부터 가능한 것은 아니다. 존중도 연습이 필요하다. 이런 존중을 위하여 경청과 공감이 필요하다. 함께 탬버린을 흔들고 어깨를 들썩여주는 것이 경청이고 공감이다. 같이 후렴을 부르며 즐거워서 음치임에도 다른 곡을 누를 맛이 나게 해주는 사람이 있어야 한다. 바로 상대방이다. 내가 존중받듯 그도 존중받아야 한다. 물론 동료가 노래를 할 때 나도 탬버린을 흔들었다.

아이들의 친구관계에만 존중과 공감, 경청이 필요한 것이 아니다. 상대방이 원하는 것을 잘 알아야 연애도 잘한다. 어른이 되어서도 성교육의 기본은 계속된다. 4차 산업혁명이 되며 인성교육이 다시 조명받고 있다. 성교육에서 인성교육이 다인 이유도 여기에 있다. 과거 산업화시대는 산업현장에서 자기 기능만을 충실히 하면 되었다. 그래서 경쟁교육이 필요했다. 그러나 이제 시대가 변했다. 미래사회는 창의력을 갖추고 주도적으로 다양한 분야와 협업하는 인재가 필요하다. 실적이 아닌 과정이 더욱 중요해진다.

성교육도 마찬가지다. 인간관계의 하나이다. 우리의 사회성은 사실 학교보다 가정에서 먼저 시작된다. 존중을 포함한 인성교육도 마찬가지이다. 존중하는 마음은 부모에게 배운다. 사춘기 아이가 2차 성징이 오고, 가정에서는 만나지 못했던 다양한 성격과 외모의 친구를 만난다. 좋아하는 친구가 생기고 같이하는 기쁨을 알게 된다. 건강한 사회관계를 시작하는 것이다. 그리고 이 모든 바탕에 상대방에 대한 배려와 존중이 있다.

2

멈추지 말고 반복하자, 성교육

사춘기 성교육은
배려와 존중하기 연습

아이가 학교를 입학하면 모든 일상이 다 성교육이다. 친구간의 예의를 지키는 일, 싫은 것을 강요하지 않는 일, 친구의 말을 들어주는 일 모두 포함된다. 사실 청소년의 고민은 단지 성문제만은 아니다. 학업으로 인한 스트레스도 있고, 친구관계에 의한 스트레스도 많다.

준민이와 태연이는 어릴 때 옆집에 산다는 이유로 친구가 되었다. 엄마 아빠들 역시 친분이 있다. 해마다 휴가철이면 두 집은 같은 곳으로 여행을 다닐 정도였다. 그래서 태연이 사진첩에는 준민이와 찍은 사진이 많다. 준민이도 마찬가지다. 16년을 살면서 10년 이상 같이했다고 한다. 유치원, 초등학교, 중학교를 같이 다닌 친구들은 서로 다른 고등학교에 진학한단다. 중학교 1학년 때까지 같은 반이 아니라고 울던 아이들은 이제 없다. 중학교 2학년이 되면서 좀 데면데면해졌다. 3학년이 되어 태연이가 준민이 반의 성태를 사귄다는 이야기가 들렸다.

준민이 친구들은 태연이가 배신했다고 난리다. 태연이 친구들은 준민이는 그냥 우정인 거라고 한다. 정작 둘은 아무렇지도 않아 보인다. 태연이가 말한다. "기억이 나지 않을 정도로 아주 오랫동안 옆집 친구였어요. 그런데 이제 준민이와 저는 다른 점이 너무 많아요." 사춘기가 되어 2차 성징이 오면서 처음에는 태연이가 준민이를 많이 챙겨줬다고 한다. 시간이 지나며 준민이도 2차 성징이 왔고, 서로 취향도 관심도 많이 달라졌다고 한다. "그냥 가족 같아요. 그런데 가족이라고 언제까지나 같이 있어야 하는 건 아니잖아요. 저희는 쿨하게 인정했어요." 준민이가 말한다.

초등학교에 입학하면서부터 성교육은 시작된다. 물론 가정에서의 성교육이 먼저다. 아이들은 초등학교, 중학교, 고등학교를 거치며 성교육을 받는다. 전 과목에 걸쳐 생활지도로 이루어지기도 하고, 때론 보건수업을 하기도 한다. 둘 다 방학 때 동네 수련관에서 교육을 받은 적이 있다고 한다. 리더십 교육인 줄 알았는데, 인간관계 교육이었다고 한다. 다시 생각해 보니, 인성교육이고 결과를 보면 성교육이었다고 한다.
"초등학교 때 처음 받은 성교육이 차이와 차별이었어요. 다른 것을 인정하라고 수업에 말했는데요. 저희가 친하긴 하지만 서로 다르잖아요."
준민이의 말이다. "저 처음에는 태연이한테 좀 서운하고 나보다 성태를
먼저 챙기고 해서 밉고 그랬는데요, 그래도 우리가 함께한 추억도 미워
할 순 없었어요."라고 한다. 태연이는 "그래도 그때 상담도 하고 갈등이
생겨도 잘 넘어갔어요. 그냥 준민이랑 나는 다른 점이 있다고 인정하니
까 편해졌어요." 하며 좋은 추억이 있어서 좋다고 한다.

준민이와 태연이의 우정이 더욱 단단해진 데는 부모님의 노력도 있다.
둘 다 외동딸, 외동아들이라 부모님과 함께하는 시간이 많은 것은 물론
이고 평상시 대화도 많았다고 한다. 학교에서도 끊임없이 초등부터 고등
까지 성교육이 반복되었지만, 가정에서도 마찬가지였다. 일상에 대한 대
화를 많이 나누었고, 자연스럽게 성과 관련한 대화를 하였다. 사실 처음
준민이와 태연이의 마음의 변화를 알아챈 것은 태연이의 엄마였다. 그
래서 방학을 맞이하여 둘 모두를 동네수련관으로 보낸 것이다. 엄마 아
빠가 하기 어려운 이야기를 캠프를 통해서 하고 나니 드라마틱한 변화는
없을지라도 아이들이 편해졌다고 한다. 부모들도 마찬가지이다.

사춘기가 되면서 2차 성징은 누구나 온다. 시기가 다를 뿐이다. 이 시
기 아이들은 이성교제를 한다. 요즘은 초등학교 1학년만 되어도 이성친
구가 있다고 한다. 사춘기의 이성교제가 모두 나쁜 것은 아니다. 부모로

서는 공부에 지장이 없을지, 성적인 문제로 이어지진 않을까 걱정이 되기는 한다. 그러나 상상해보라. 자녀가 40살, 50살이 되어도 만나는 이성이 없는 게 더 이상하지 않을까?

사춘기 아이들은 서툴다. 특히 감정적으로 그렇다. 그래서 실수도 하고 좌절하기도 한다. 그렇게 배우며 성장한다. 성인이 되어 연애를 하고 직장생활을 하는 것도 마찬가지이다. 사춘기 이성교제는 인간관계의 시작이다.

태연이 엄마는 말한다. "사춘기니 당연한 건데 좀 불편했어요." 태연이가 성태를 사귄다는 소리를 다른 엄마한테 들었을 때 가슴이 철렁했다고 한다. 다행히 태연이는 새롭게 사귄 남자친구에 대해서 미주알고주알 이야기를 해주니 고마울 뿐이라고 한다. 이성교제를 하는 경험은 다양한 인간관계를 맺는 연습이라고 생각한다. 어떤 관계든지 아이를 성장시키는 동력이 된다. 준민이는 아직 이성에 관심이 없다. 대신 동성친구들과 잘 어울린다. 이성친구가 있든, 없든 둘 다 모두 건강한 인간관계를 맺는 노력은 필요하다. 태연이 엄마나 준민이 엄마 모두, 아이들이 건강하게 자라길 바란다. 그래서 부모교육도 열심히 다니고 서점에 가서 책도 읽는다고 한다. 준민이 엄마는 "부모교육 책을 읽다 보면, 결국 성교육이더라고요."라며, 사춘기 자녀가 있어서 그런지 모든 것이 성과 연결된다고 한다.

　친구관계도 마찬가지이다. 우리가 친구관계나 이성교제에 대하여 이야기할 때 가장 중요한 개념이 있다. 바로 '동의'와 '거절'이다. 'NO MEANS NO.'라는 말이 있다. 상대방의 거절은 거절이라고 받아들이는 것이 중요하다. 친구를 사귈 때, 상대방이 싫어하는 것은 하지 않는 게 좋다. 그래야 나 역시 싫은 일을 강요받지 않는다. 내가 'NO'라고 말하면 'NO'라고 받아들이는 교육이 필요하다.

　태연이가 성태와 사귀는 것은 최초의 연애이다. 태연이와 성태는 어떻게 좋아하는 감정을 표현해야 하는지를 배울 것이다. 성태나 태연이 모두 상대를 배려하는 것이 어떤 것인지 느낄 기회가 될 것이다. 시간이 지나고 나면 어떤 사람이 연인으로서 좋은지, 어떤 사람은 만나면 안 되겠다든지 하는 느낌도 있다. 우리가 귀엽고 예쁘게만 보는 이성교제가 태연이와 성태에게는 성 가치관을 만들어가는 과정이다. 아직 여자 친구가 없는 준민이도 그렇다. 친구를 배려하는 법, 친구에게 고맙다고 말하는 법을 배워야 한다. 상대를 배려하는 여러 가지 방법에 대하여 생각해봐야 한다. 친구나 연인 모두 개별적이고 독립된 존재이다. 서로 존중해야 한다.

3

이제는 스스로 나를 사랑하자

사춘기인
나를 사랑해

브레네 브라운은 『나는 불완전한 나를 사랑한다』에서 이렇게 말했다. "우리는 모두 아름답게 불완전한 존재다." 브레네 브라운은 '자신을 사랑하는 것은 우리가 할 수 있는 가장 용감한 일이다'며 비교가 일상이 된 현대사회에 나를 사랑하는 법을 말하고 있다. 사춘기 청소년은 가장 '불완전한' 존재다. 그러나 가장 '성장가능성'이 있는 존재이기도 하다.

중학교 1학년 경아는 주로 도서관에서 산다. 특별히 책을 좋아하는 아이로 보이지는 않는다. 경아의 문제점은 하나다. 지나치게 자신감에 차 있다. 머리도 좋다. 상황파악도 빠르다. 그러나 아직 미숙해서 그런지 친구에게 상처를 주는 말도 서슴지 않는다. 경아가 보기에 다른 아이들이 너무 답답해서 자꾸 참견하게 된다. 악의는 없으나 말이 험하다. 자연히 친구들은 경아를 멀리하고 있다. 그나마 유선이는 경아의 이야기를 잘 들어주는 편이다. 유선이가 책을 좋아해서 도서관에 오니, 항상 경아가 따라온다. 미연이는 유선이의 이 점이 불만이다. 경아와 함께 있으면 너무 불편한데, 왜 유선이는 계속 경아를 받아주는지 알 수 없다. 미연이에게는 유선이가 하나밖에 없는 친구다.

"전 왜 친구와 있는 것도 불편하죠? 사실 경아도 친구잖아요." 미연이의 질문이다. 미연이는 사실 소심하다. 경아가 싫은 것이 내 눈에도 보인다. 그러나 말 한마디, 행동 하나하나에 친구의 마음을 상하게 하면 어쩌나 걱정하는 것도 보인다. 다른 아이들의 눈에는 미연이의 행동이 경아에 대한 배려로 보이긴 하다.

사춘기가 되면서 자아를 형성한다. 요즘 아이들의 학교생활은 사회생활보다 더 치열하다. 학교에서의 인간관계가 평생의 인간관계를 좌우하니 미연이처럼 눈치를 보거나 분위기를 파악해야 살아남기도 한다. 미연이는 경아에게 하고 싶은 말이 있어도 원만한 사이를 유지하고 싶어서 참는다. 경아가 도서관에서 시끄럽게 하거나 유선이에게 달라붙어도 그냥 어색하게 웃으며 대한다. 못 참을 때는 저번 학원시험이었다. 나름 열심히 했는데 결과가 좋지 않았다. 이럴 때 학원까지 같다니 이사를 가지 않는 한 미연이가 짊어져야 할 몫이다. 도서관 문을 열고 들어가니 벌써 경아의 목소리가 들린다. "난 공부 안 했는데도 100점인데 너네는 80점이더라." 얄밉다. 도서관에서 조용히 해야 하는 것도 모르나 보다.

그래도 미연이는 경아에게 싫은 소리를 하지 못한다. 미연이와 유선이는 둘 다 배려심이 있다고 듣는 아이들이다. 유선이가 말한다. "뭐야, 나 상처받아, 나름 열심히 했다고." 한다. 싸우자는 목소리가 아니다. 유선이의 목소리는 평상시와 같다. 오히려 애교 섞인 목소리다. 그러자 경아가 "미안 미안, 대신 내가 학원에서 간식 쏠게." 한다.

미연이는 이럴 때 경아에 대한 얄미움보다 유선이에 대한 부러움이 더 커진다. 미연이도 안다. 경아에게는 나쁜 의도가 없다. 나 혼자 화가 나고 있는 것이라는 걸. 나는 왜 유선이처럼 쿨하게 넘어가지 못하는지 화가 난다. 내 마음을 이야기하려고 하면 목소리부터 떨리고 얼굴이 빨개진다. 내가 이야기하면 경아가 '예능인데 다큐로 받았다'며 일주일은 놀릴 것이다.

경아는 자신감이 높고, 유선이는 자존감이 낮다. 미연이는 자존감이 바닥이다. 경아의 작은 말 한마디에 친구관계에 대한 자신감도 없어지고, 소극적으로 변하고 있다. 미연이가 자기 자신을 예쁘게 보지 않으면 친구들도 예쁘게 보지 않는다.

　자신감과 자존감은 차이가 있다. 사춘기 청소년이 인생을 향해 나아가려면 자존감이 필요하다. 자신감은 어떤 일을 해낼 수 있는 능력에 대한 믿음이다. 경아는 아직 미숙하더라도 자신의 능력이 뛰어나다고 생각하고 있다. 자존감은 나를 믿고 나를 존중하는 것이다. 나의 가치, 나만이 가진 것에 대한 인식이다. 자존감은 타고나지 않는다. 길러지는 것이다. 어릴 때부터 존중도 연습이 필요하다.

　아는 사람은 많은데, 친한 사람은 별로 없다. 이게 미연이만의 문제일까? 진지하게 고민을 말하면 유선이와도 경아와도 관계가 깨질까 봐 미연이는 속마음을 말하지 못한다. 실패해도 노력이 필요하다. 같은 상황이라도 자기수용능력이 높아야 문제가 해결된다. 내가 어떤 모습이든 내가 가장 먼저 나를 사랑해야 한다. 미연이도 소중한 존재이다. 가장 먼저 미연이가 이 사실을 알아야 한다.

　누군가와 친구가 되는 일은 험난하고 힘든 과정이다. 3명의 친구관계가 유지되기 위해서는 서로 맞추어가는 과정이 필요하다. 바로 배려이며 상대방에 대한 존중이다. 먼저 경아는 다른 사람에게 상처를 줄 수 있는 말을 하지 않는 것이 좋겠다. 악의가 없는 것은 안다. 그러나 사람이 무심코 던진 돌에 개구리가 맞아 죽지 않는가. 유선이도 그렇다. 무엇보다도 미연이는 스스로를 사랑하고 싫은 것은 싫다고 말해야 한다. 이것이 친구관계에서조차 이루어지지 않는다면 이성교제에서도 직장생활에서도 힘들게 된다. 지금도 거절하지 못하고 다른 사람의 의견만 따라가는데, 성인이 된다고 자존감이 하늘에서 뚝 떨어지는 것은 아니다. 존중과 배려는 연습이 필요하다.

나를 사랑하고 나의 의견을 말하는 것은 중요하다. 특히 성교육에서 그렇다. 상대가 싫어할까 봐 말하지 못하는 관계는 안 하느니만 못한 관계이다. 사춘기 성교육에서는 '성적 자기결정권'이 핵심이다. 헌법에 의해 '성적 자기결정권'이란 자신이 하는 모든 성적 접촉을 스스로 결정하거나 거부할 수 있는 권리를 말한다.

미연이에게 성적 자기결정권과 더불어 자존감이 중요한 이유다. 성적 자기결정권은 사람마다 그 기준이 다를 수 있다. 미연이가 고등학생이 되어 이성 친구를 사귀었다고 상상해보라. 미연이는 손에 땀이 많이 차서 경아나 유선이와는 손을 잡고 싶지 않다. 하지만 남자친구와는 다를 것이다. 때로는 가벼운 포옹도 할 것이다. 성적 접촉을 하는 대상이나 때와 장소에 따라 미연이의 성적 자기결정권의 기준은 달라질 수 있다.

미연이나 유선이, 경아의 성적 자기결정권은 같을 수도, 다를 수도 있다. 3명의 성격이 다르듯이 서로 다른 결정기준을 가지고 있다. 친구관계에서도 그렇듯이 이성과의 관계에서도 서로 그 기준을 맞추는 일은 중요하다. 경아가 생각하기에 "나 손잡고 걷고 싶어."라고 미연이에게 묻는 것은 뭔가 모양이 빠진다고 생각할 수 있다. 그러나 미연이는 손에 차는 땀 때문에 곤란하다. 말하지 않고 손을 불쑥 잡는다면 소심한 미연이는 상처를 받을지 모른다. 물어보자. 오히려 미연이는 나의 의견이 존중받는다고 느낄 수 있을 것이다. 사랑과 존중을 시작하는 단계가 있다. 먼저 나를 사랑하고 나의 권리를 지키는 것이다. 그리고 타인의 권리를 침해하지 않는 것, 각 개인의 경계를 지키는 것이 존중이며 사랑이다.

4

건강한 성 가치관이 미래를 좌우한다

사춘기, 타인에게
무례할 권리는 없다

건강한 성 가치관이 무엇일까? 가치관이란 인간이 삶이나 어떤 대상에 대해 어떤 것이 옳고, 바람직한지 판단하는 관점을 말한다. 건강한 성 가치관이란 모든 성별을 동등한 존재로 여기고, 주체적이고 당당하게 성을 인식하는 것을 말한다. 결국 건강한 성 가치관이란 인간에 대한 예의를 지키는 것이다.

공자는 "무례한 사람의 행위는 내 행실을 바로 잡게 해주는 스승이다." 라고 말했다. 요즘 뉴스나 TV를 보면 갑질, 상대방에 대한 무례한 행위가 많다. 이유가 뭘까? 바로 상대방에 대한 존중이 없기 때문이다. 상대방에 대한 존중이 없는 사람이 다른 사람의 성적 자기결정권을 존중할 수 있을까? 나만 아는 사람은 가족 간, 친구 간 예의도 지키지 않을 수 있다. 나를 사랑하는 것과 나만 아는 것은 다르다.

정우는 뭐랄까 좀 독특하다. 정우는 현재 중학교 2학년이다. 궁금한 것도 많고 타인에 대한 관심도 많다. 자기주장도 강하다. 정우네 반이 시끄럽다. 현장체험학습을 위해 조를 나누었다. 4명이 같이 움직이기로 했다. 동선이나 가는 곳이 정우의 맘에 들지 않았다. 정우는 책을 꽝 내려놓고 나가버렸다. 정우 나름의 합리적인 이유는 있기는 하다. 하지만 다른 친구들이 보기엔 정우는 마음대로 하려고 한다고 한다. 담임 선생님이 봤으면 버릇이 없다고 했을 거란다. 그래서 지난 학기에도 분위기가 안 좋았다. 서로 정우와 같은 조가 되기를 싫어한다. 친구라지만 자기들은 정우의 감정의 쓰레기통이 된 것 같아 씁쓸하다. 왜 우리는 항상 정우에게 맞추어줘야만 하는지 모르겠다고 힘들다고 한다.

어른들도 당황스럽기는 마찬가지이다. 질풍노도라 그럴 거라 생각하기엔 우리도 힘들다. 단지 어려서, 사춘기라서 그런 걸까? 규칙이 있으나 지키지 않는다. 공부도 곧잘 한다. 성적이 좋고 머리가 잘 돌아가니 원하는 것이 생기면 막무가내다. 자기가 원하는 대로 해주지 않으면 민원을 낸다. 말도 함부로 한다. 이런 일들이 반복되니 어른도 상처받는다.

생긴 것은 잘생겼다. 항상 여자 친구가 있다. 그러나 여자 친구들도 항상 상처를 받고 헤어진다. 어른으로서 보기가 안타깝다. 사춘기에 아이들이 해야만 하는 것이 있다. 바로 건강한 성가치관을 갖는 것이다. 지금은 학생이지만, 아이들의 성 태도는 물론 연애, 자존감과도 연결된다. 결혼, 임신, 출산 등 성과 관련한 모든 영역에 영향을 주는 것이 건강한 성가치관이다.

타인에게 무례할 권리는 누구에게도 없다. 에릭 호퍼는 말했다. "남에게 무례한 사람은 그 사람이 어떤 사람이든 강한 척하는 약한 사람에 불과할 뿐이다." 정우는 어떤 아픔과 약함이 있어 고슴도치처럼 가시를 세우는 걸까? 매일 정우를 만나는 친구들도 어른들도 가시에 찔려 아프다.

정우에게는 연년생 동생이 있다. 수영이다. 중학교 1학년 수영이는 정우가 오빠라는 것이 드러날까 안절부절못한다. 다른 집들은 오빠가 동생을 위한다는데 그런 것이 전혀 없다. 공부를 좀 잘한다고 오빠만 감싸는 엄마 아빠가 싫다. 오빠는 할머니가 하도 오냐오냐해서 그런지 안하무인이다. 오빠 사전엔 안 되는 것이 없다. 누구랑 사귈지 그 언니가 불쌍하다. "누구를 좋아하면 그 사람한테 관심이 있고 좋아하는 것을 해줘야 하잖아요. 오빠는 그게 없어요." 수영이가 말한다. 배려와 존중이 성교육의 기본이라는데 지금부터 그러니 수영이는 오빠도 엄마도 걱정이라고 한다. "지금은 중학생인데 더 크면 더 크게 사고 치지 않을까요?" 동의와 거절 수업을 배우고 난 후 오빠가 가장 걱정이라는 수영이다. 친구들에 게만 뾰족뾰족한 것이 아니라 집에서도 가시를 세우나 보다.

사춘기 청소년들 역시 가족 간에도 예의를 지켜야 한다. 사실 말은 가끔 비수가 되기도 한다. 가장 가까운 가족일수록 예의를 지키는 대화를 해야 한다. 가족이 대화를 할 때 듣지 않거나 화를 내기만 한다면, 사랑하는 가족이라도 힘들다. 가장 가깝기에 더욱 조심해야 한다. 이런 것들은 사춘기에 배워야 한다. 항상 같이하는 가족이기에 서로에 대한 사생활을 존중해야 한다. 무엇보다도 감정을 같이 공유하는 것이 중요하다. 같이 슬퍼하고, 기뻐하고, 즐거워하는 것은 당연하다. 이것은 가족에게 관심을 가질 때 눈에 보인다. 가족 간의 예의를 지키는 또 다른 방법은 서로 웃어주는 것이다. 거울을 보자. 내가 먼저 웃어야 거울 속의 나도 웃는다.

가족에게만 예의가 필요한 것은 아니다. 친구 사이에도 예의가 필요하다. 친해서 막말을 하고 욕도 하고, 서로 거리낌이 없다고 한다. 그러나 친할수록 적절한 거리가 필요하고 상대방에 대한 존중이 필요하다. "친구일수록 예의를 갖추라."라고 콜레트는 말했다. 친구는 나를 사랑하는 사람이라고 생각해 막 대하지 않았는가? 가족과 마찬가지로 가장 가까운 사람에게는 인색하고 그들의 관심과 사랑이 당연하다고 여길까? 가족과 달리 친구관계는 끊어지기도 한다. 살다 보면 나를 피곤하게 하거나 힘들게만 하는 사람들이 있다. 이런 친구들은 마치 나의 에너지를 빨아먹는 에너지 드라큘라 같다. 이런 친구관계는 정리하는 게 더 낫다.

정우와 친구들은 사춘기를 지나며 때로는 우정으로 때로는 감정으로 커갈 것이다. 내 주변 친구 5명의 평균이 나라고 한다. 나는 어떤 친구인지 생각해보는 것도 필요하다. 친구 사이인데도 만나고 나면 기가 빨리는 경우가 있다. 자기가 필요할 때만 연락하거나 적극적인 친구들이다. 그럴 때는 사실 멀리하는 게 정신건강에 더 좋다. 사실 정우는 호랑이 흉내내는 친구관계인 것 같다. 본인이 위라고 생각한다. 자기가 갑이라고 생각하니 당당하다. 이런 친구관계는 오래갈 수 없다. 가끔 열등감에 둘러싸여 있는 친구들이 있다. 항상 부정적이다. 다른 의미에서 기가 빨린다. 모든 것을 비판한다. 결국 마지막에는 옆에 있는 내가 비판의 대상이 될 것이다. 생각해보자. 그리고 이 친구를 만나고 나서 분노밖에 남지 않는다면 정리하자.

사춘기에 성교육이 필요한 이유가 있다. 사춘기에는 성과 관련한 새로운 경험들을 시작한다. 이것들을 경험할 때 바로 배워야 한다. 영어단어를 외우고 수학공식을 외우는 것과는 영역이 완전 다르다. 이미 고착된 것은 고치기가 어렵다. 건강한 성가치관을 가지는 것도 마찬가지다. 건강한 성을 공부하고 나를 사랑하는 것도 시작해야 한다. 정우와 친구들은 중학교를 지나서 고등학교에 가면 더 복잡한 문제에 부딪힐지 모른다. 때로는 아이들의 힘으로 해결할 수 없을 수도 있다. 이것은 성인이 되어서도 마찬가지이다. 상대방을 배려하고 존중하지 않는다면 상황이 더욱 악화되기도 한다. 문제 해결력이 필요하다. 아이들이 건강한 성가치관을 지니고 있다면 문제가 되지 않는다. 이런 것들은 교육과 일상의 좋은 경험을 통해서 만들어진다. 건강한 성가치관은 밝은 미래를 만든다.

5

세상을 살아가는 힘, 성교육에서 배운다

사춘기의 배려와 존중,
세상을 살아가는 힘

가정이나 학교에서 성과 관련한 대화를 하는 것은 바람직하다. 안전한 곳에서 믿을 수 있는 어른과 성과 관련된 대화를 한다는 것은 성에 대한 긍정적인 생각을 갖게 한다. 유치원이나 학교에서 성교육을 하는 이유이다. 언제든 성에 관련된 대화나 질문을 할 수 있고 문제를 해결할 수 있다고 생각한다면 아이들은 안정감을 느낀다.

오랜만에 지하철을 탔다. 빈자리가 많았다. 적당히 한 자리를 찾아서 앉았다. 갑자기 옆자리에 건장한 사람이 앉는다. 다른 빈자리도 많은데 옆자리에 바짝 앉으니 불편한 감정이 생긴다. 내가 예민한가? 이런 것들을 나만 경험한 것일까? 우리는 누구나 경계를 가지고 있다. 모르는 사람이 가까이 오니 부담감을 느끼는 것, 이것이 경계이다.

심리적인 경계도 있다. 노브라로 학교를 가고 싶은 아이들을 보는 불쾌한 시선, 내 외모를 평가하는 것, 이런 것들이다. 성교육에서는 경계가 중요하다. 아이가 경계를 정했다는 것은 본인의 의지의 반영이다. 아이를 하나의 인격체로 대한다는 것이다. 또 다른 중요한 이유는 내가 정한 경계를 침범당했을 때, 위험상황을 빠르게 느낄 수 있는 감각을 길러준다.

아이들과 책장 정리를 했다. 딸의 사진첩이 나왔다. 4~5살 때의 사진들 같았다. 유치원 생일파티에서 해마다 생일인 주인공에게 볼에 뽀뽀를 해주는 사진이 나왔다. 딸은 난리가 났다. 얘는 민구고 이 사진은 준호란다. 10년도 더 지났는데 이름도 잘 기억한다. 내 눈엔 귀엽기만 한데 질색을 한다. 딸이 말한다. "예전에 다니던 어린이집은 안 그랬는데, 여기는 꼭 생일인 애한테 뽀뽀를 하는 사진을 찍었어. 난 싫었거든."

"싫다고 말하지 그랬어." 하고 반문했다. "싫다고 했어." 딸이 대답한다. 처음 듣는 이야기다. 사진을 보란다. 정말로 6살 무렵 생일 사진에는 케이크 앞에서 초를 끄는 사진만 있다. 나도 모르는 사이 아이는 혼자 자신만의 경계를 세웠다. 기특했다.

상대방에게 호감이 있다는 이유로 망설이지 않고 호감을 표현할 때가 있다. 어릴 때는 친구가 좋아서 마음대로 껴안는 경우도 있다. 나는 좋아서 한 행동이었는데, 반대의 입장도 좋았을까? 모든 사람의 '경계'는 존중받아야 한다. 다른 사람의 경계는 넘어가서는 안 된다. 지켜져야 하는 영역이다. 어릴 때부터 경계를 알려주는 일은 중요하다. 사춘기는 특히 그렇다. 다른 사람을 존중하고 배려하는 태도를 길러주기 때문이다. 내 경계를 넘어온다면, 어떻게 행동해야 하는지 스스로 판단할 수 있다. 나에게 경계가 있다면 상대방도 경계가 있다. 상대방의 경계를 존중하고 그 안으로 들어갈 때는 '동의'가 필요하다. 비단 사춘기뿐 아니라 성인이 되어서도 중요한 의미다.

경계를 존중하는 것은 나와 당사자만의 문제가 아니다. 우리 사회 모두의 문화가 변해야 한다. '아직 어린아이라 볼에 뽀뽀해도 돼.'가 아니라 아이의 의견을 묻고 동의를 구해야 한다. 사회 모두의 노력이 있다면 사춘기 자녀들은 자신을 존중하고 타인을 배려하는 어른으로 성장할 것이다.

사회가 발달하면서 모든 것이 영상으로 나온다. SNS와 인터넷 유튜브가 아이들을 점령했다. 요즘 아이들은 TV를 보지도 않는다. 핸드폰으로 모든 영상을 접한다. 가짜 뉴스도 많다. 너무 많은 정보가 쏟아져 나온다. 특히 10대들은 동영상에 빠져 있다.

사춘기 아이들이 보는 영상에는 너무 선정적이고 폭력적인 것들이 많다. 때론 사회문제로 떠오르기도 한다. 등급을 올리려고 엄마를 몰래 찍어 올린 초등학생의 사례는 낯설지도 않다. 무분별하게 동영상을 올리고 아무런 비판 없이 영상을 접하는 것 모두 문제가 된다. 그래서 미디어 리터러시 교육이 필요하다.

미디어 식별력이란 미디어를 분별 있게 사용하는 힘을 기르자는 것이다. 어른들의 노력도 필요하다. 좋은 콘텐츠를 제공하고 유해환경을 없애는 것이다. 아이들 스스로 좋은 콘텐츠를 골라내는 힘을 기르는 것도 필요하다. 그저 재미있고 자극적인 것만이 좋은 것은 아니다. 사이버 공간에서는 무엇이, 어디로 흘러갈지, 영원히 삭제가 안 될지 모르기 때문에 더욱 그렇다. 그래서 아이들에게 추억은 마음으로만 간직하자고 한다. 서로 동의했더라도 사진이나 영상을 남기는 것은 좋지 않다.

직접 만나 얼굴을 보는 공간이 아니니 더욱 조심할 필요가 있다. 사이버 공간에서도 예의는 지켜야 한다. 나의 권리만큼 중요한 것은 타인의 권리이다. 지나가다 불이 나면 신고를 한다. 다친 사람이 있을 수 있기 때문이다. 사이버 공간에서도 같다. 유해한 콘텐츠를 본다면 신고하자.

현실세계보다 더 많은 사람들이 다칠 수 있다.

성교육은 단지 2차 성징과 신체나 정신의 변화를 배우는 것이 아니다. 세상을 살아가는 힘을 배운다. 세상을 살아가다 보면 다양한 사람을 만난다. 학창시절 친구관계가 인간관계의 시작이다. 그래서 사춘기 시절 배운 배려와 존중이 인생을 살아가는 힘이 된다.

사실 성교육에서 중요한 것은 '역지사지'다. 다른 사람의 상황과 마음을 있는 그대로 이해하고 수용하는 공감능력이 인간관계의 기본이다. 존중을 연습하면서 아이들은 사회구성원으로 성장하는 준비를 한다. 친구관계에서 자신의 마음을 잘 알고 표현하는 것은 중요하다. 사춘기 때는 호르몬의 변화로 감정조절이 미숙하다. 벌컥 화를 낸다면 친구는 멀어질 수밖에 없다. 그러니 나의 마음을 잘 알고 분명하게 표현하자. 나의 말에 따른 상대 친구의 의견이나 반응도 수용해야 한다.

모든 사람은 실패를 겪는다. 실패 없이는 성공도 없다. 어려운 상황에서 문제를 해결하는 경험을 하게 된다면 책임감도 함께 성장한다. 실패에 머물러 있으면 안 된다. 자존감이 떨어진다. 사춘기 아이를 일으키는 힘은 자존감이다. 자기 스스로 감정을 잘 다스려 목표를 성취해가는 경험 또한 필요하다. 건강한 리더십이다.

사춘기, 어른으로 성장하는 길에 서 있다. 지금의 친구관계도 버거운데 사회생활도 준비해야 한다. 성교육에서 강조하는 것들이 있다. 사회적 규칙을 지키고 자신의 욕구를 조절할 수 있는 사람으로 성장하는 것, 다른 사람의 마음을 이해하는 '공감과 인간관계'가 바로 그것이다.

나를 사랑하는 것처럼 다른 사람의 권리를 침해를 침해하지 않는 것이 존중이다. 존중은 연습이 필요하다. 배려하고 존중하는 것, 사춘기만의 문제가 아니다. 평생을 살아가는 힘이 된다.

6

소중하고 아름다운 청소년의 성

**사춘기 나만큼 소중한 너,
존중이 없으면 미래도 없다**

"당근." 길버트의 말이다. 어릴 때 본 〈빨강머리 앤〉에서 잊혀지지 않는 장면이 있다. 빨강머리가 콤플렉스인 앤에게 길버트가 한 첫마디였다. 앤의 반응? 화를 내며 길버트를 때렸다. 눈물을 글썽이며 화를 냈다. 이게 내 기억이다. 지나고 보면 〈빨강머리 앤〉은 성장 만화였다. 10대의 소소한 감정을 다뤘다. 우정과 사랑, 설렘이 있었다. 지나서 생각해보니 앤의 반응은 어설펐다. 물론 앤도 극중에서 성장하고선 다른 반응을 한다. 시간이 지난 후 진심으로 그때 그런 말은 너무 슬펐다며 왜 그런 말이 상처였는지 설명을 한다. 앤이 성장을 하면서 세련되게 변했듯이 우리 청소년들도 성장의 기회가 있다. 앤이 실수를 통하여 성장한 것처럼 말이다.

유튜브를 보다 보면 '동의와 거절'에 대한 동영상이 있다. 아주 간단한 그림과 설명이 있는데, 성교육에 아주 적합한 동영상이라 자주 아이들에게 보여준다. 내용과 그림은 간단하다. 대신 가해자가 이상한 사람이라고 생각하고 봐야 이해가 쉽다. 여기서 중요한 것은 '동의'이다. 처음에는 그림도 막 그린 듯하고 외국어 설명이 너무 빨라서 한참 쳐다봤는데, 누군가 한국어 자막을 달고 다시 영상을 올려놨다. 무릎을 탁 칠 정도다.

요즘 성교육에서 '동의'는 '명확한 동의'를 말한다. 이전의 성교육에서는 NO라고 말하면 거절이라고 했다. 이제는 다르다. YES라고 말해야 동의한 것이다. 아까는 YES였지만, 마음이 바뀔 수도 있다. 잠든 사람은 YES라고 말할 수 없다. 명확하게 '동의'를 해야 한다. 사람의 마음은 바뀌기 마련이다.

점심시간 직장 동료들끼리 식사를 주문하였다. 이번 주 내내 난 쫄면을 주문했다. 원래 매콤한 것을 좋아한다. 다른 동료는 돈가스를 시켰다. 그러나 오늘은 막상 배달 온 음식을 보니 쫄면을 먹고 싶지 않아졌다. 다른 동료의 회덮밥이 더 당긴다. 다음 날이 되었다. 매일 쫄면을 먹었다고 오늘 꼭 쫄면을 먹어야 하는 것은 아니다. 식이조절로 식사를 건너뛸 수도 있고 빵과 우유를 먹을 수도 있다. 이렇듯 사람의 마음은 항상 변한다. 어른들도 어려워하긴 한다. 그러니 청소년은 더욱 그렇다. 하지만 사회구성원으로 살려면 배워야 하고 연습해야 한다. 사람을 사귀는 것은 상대를 알아가는 과정이다. 대화가 기본이다. 존중이 연습이 필요하듯, 상대방을 알아가는 대화도 연습이 필요하다.

윤수와 예나는 사귀는 사이다. 아이들 말로는 사귄 지 한 달이 되었다고 한다. 모든 아이가 다 알도록 떠들썩하게 사귀던 윤수와 예나의 연애는 2달이 되지 못하고 끝났다. 예나의 친구들은 이상하다고 생각했다. 예나가 윤수를 너무 좋아해서 사귀자고 페메를 받았을 때 기뻐서 난리친 것을 다들 기억하고 있다. 사실 윤수는 학년 최고의 인기남이다. 매너도 좋고 다른 사람을 잘 도와준다. 예나가 사귄다고 했을 때 많은 여자아이들이 부러워했다.

정작 예나의 생각은 다르다. 예나가 헤어진 이유는 하나다. 윤수가 자기를 통제하려고 한다는 거다. "네 친구들은 너무 발랑 까졌어."라든가 "그 옷을 안 입었으면 좋겠다."라고 한다. 처음에는 나와의 시간이 소중하고 나를 좋아해서 그런다고 생각했다고 한다. 엄마랑 이야기하다가 윤수가 내 친구들에게 이렇게 했다고 했더니 엄마가 화를 냈다고 한다. "엄마도 하지 않은 친구 관리를 왜 걔가 해!" 엄마한테는 "나를 너무 좋아하나 봐."라고 가볍게 넘겼는데, 시간이 지날수록 기분이 나빠졌다고 했다. 물론 윤수가 화를 내거나 욕을 하는 건 아니다. 다른 남자아이들처럼 예나와의 진도를 떠벌리지도 않았다. 맛있는 것을 먹으며 한 마디씩 하는 것에 마음이 불편했다고 한다. 예나는 이성친구와의 관계가 어떻게 될지에 대하여 혼란스러웠다고 한다.

이때 엄마가 말했다고 한다. "친구가 좋아해 주는 건 고마운데, 그냥 너를 있는 그대로 좋아해주는 거였으면 좋겠다. 윤수랑 만나려면 네 친구들을 정리해야 하는데, 할 수 있겠어? 친구를 정리하지 않으면 윤수랑 만날 때마다 죄책감이 들 텐데 이게 옳을까?" 예나는 윤수의 친구들 중 싫은 아이들도 있지만, 그런 이야기는 윤수에게 하지 않는다. 윤수의 친구는 그냥 친구일 뿐이다. 나는 관여하지 않는데, 내 영역을 침범하는 것은 무례하다고 생각했단다.

예나는 더 이상 윤수를 만나는 것이 즐겁지 않게 되었다. 즐겁지 않으니 표정도 안 좋고 우울해졌다. 결국 예나는 윤수에게 이별을 고했다. 지나고 나니 후련하다. 예나엄마는 나중에 성인이 되어서도 예나를 있는 그대로 인정해주는 사람을 만났으면 좋겠다고 한다. 상대방에 맞추어주다 보면 자존감이 낮아지게 된다. 이때 아니라고 단호히 선을 긋고 나를 지키는 연습이 사춘기에 필요하다. 성인이 되면 더욱더 복잡한 인간관계가 기다리고 있다.

예나 엄마와 아빠는 예나와 평상시에 대화를 많이 한다. 아이가 이성 친구가 생겼다는 이야기를 듣고 한편으로는 가슴이 철렁했지만, 성장의 한 과정으로 받아들였다고 한다. 예나의 고민을 듣고 엄마가 일단 화를 냈지만, 예나가 어떻게 받아들였는지 걱정했다고 한다.

건강한 인간관계는 사실 간단하다. 소중하고 아름다운 청소년의 성이 존중받는 관계다. 나와 상대방 모두 만족하는 관계다. 예나는 친절하다. 다른 사람들을 배려한다. 항상 칭찬받는 아이다. 예나의 부모님이 걱정하는 것은 예나가 본인을 챙기지 않을까 하는 것이었다. 배려와 존중, 친절, 사랑, 공감과 경청 다 좋은 말이다. 아무리 좋은 의미라도 나를 챙기고 나를 믿으며, 나를 사랑하는 것이 먼저다. 예나가 윤수의 감정, 생각은 존중하고 친절하게 대했지만, 예나 스스로의 마음을 돌아보지 않을까 봐 걱정했다고 한다. 다행히 예나는 부모님을 믿고 본인의 고민을 털어놨다.

예나 부모님의 걱정은 거기서 그치지 않았다. 사실 세상에는 나보다 타인을 배려하는 사람보다 나만 중요한 사람들이 많다. 나만 중요하고 다른 사람은 중요하지 않은 자기중심적인 사람들이다. 예나가 헤어지자고 했을 때 윤수가 받아들일지, 다른 이유로 예나를 비난하지 않을지 걱정했다고 한다. 아이들은 그럴 수 있다. 아직 미숙하니까 말이다. 다행히

도 윤수는 예나의 불편한 마음을 잘 알겠다며 말해줘서 고맙다고 했다고
한다.

예나도 윤수도 아직 성장 중이다. 아이들은 소중하고 아름답게 자라
고, 이 시대의 구성원이 되기 위하여 노력하고 있다. 아직 사춘기라 미숙
할 수 있다. 때로는 친구와 비교하고, SNS의 인플루언서와 비교하며 자
존감이 낮아질 수도 있다. 사회가 복잡해지며 자존감이 낮은 사람들이
많기는 하다. 이것은 개인만의 문제가 아니다. 너무 빠른 변화 속에서 사
회문화가 미성숙하기 때문이기도 하다. 그래서 인성교육, 성교육이 더욱
절실해진다. 서로 존중하지 않으면 미래는 없다.

7

다른 어떤 교육보다 성교육이 먼저다

사춘기,
나만의 성장을 위한 성교육

사실 성교육은 태어나면서부터 시작된다. 화장실을 갈 때 문을 닫거나 나의 몸을 보호하기 위하여 옷을 입는 모든 것이 다 성교육이다. 어른에게 인사를 하고, 친구에게 싫은 것을 강요하지 않는 것이 성교육의 중요한 요점인 '존중과 배려'이다. 2차 성징의 속도와 시기는 모두 다르다. 나만의 속도로 나만의 성장을 하기 위해 성교육이 먼저 실행되어야 한다.

고등학교 친구가 늦게 결혼을 했다. 폐경이 다가오는 나이에 늦은 출산도 했다. 친구의 딸은 어느새 자라 유치원생이 되었다. 토요일 오후, 이 친구 집에서 모임이 있었다. 점심을 먹고 과일을 먹으며 이야기를 하고 있었다. 아이는 옆에서 동화책도 보고 그림도 그리고 있었다. 여자아

이라 그런지 이제 6살인데도 말도 잘한다. 오랜만에 어린아이를 본 우리
는 아이가 귀엽기만 했다.

"엄마, 아빠는 고추지? 난 잠지가 있어." 아이가 책을 읽다 말한다. 우
리는 순간 정적에 휩싸였다. "우리 지원이 동화책 보는구나?" 다른 친구
가 말한다. 지원이 엄마는 어버버 말문이 막혔나 보다. "무슨 책이야? 이
모한테 읽어줄까?" 아이가 또박 또박 읽는다. 성교육 동화다. 이렇게 어
린아이 그림책은 정말 오랜만에 본다. 지원이 엄마가 당황하건 말건 나
는 다른 의미로 설명을 하는 친구에게 감탄중이다.

지원이와 같이 책을 읽은 친구는 "아, 그래서 지원이가 고추와 잠지가
궁금했구나. 맞아?" 하고 되묻는다. 그러자 지원이가 재잘재잘 떠든다.
"우리 기린반 선생님이 말했는데요." 유치원에서 성교육을 받고 왔나 보
다. 여전히 지원이 엄마는 당황하고 있다. 친구는 "그럼 지원이는 뭐가
궁금해." 하며 하나하나 아이와 대화를 하기 시작한다.

우리가 사실 다 알고 있는 내용이다. "음, 지원아. 소중한 곳이라서 팬
티를 입는다고 했잖아. 이모가 우리 지원이 이름을 맨날 잊어버리면 어
쩌지? 이모 조카 이름이 지윤이거든. 지원이를 자주 못 봐서 널 볼 때마
다 '지윤아, 지윤아' 하면 어떨 것 같아?" 하고 묻는다. 아이는 "흥, 지원

이는 기분 나빠요." 한다. 이 순간 이해가 안 된다. 왜 애들은 자기를 3인칭으로 부를까? 친구는 지원이에게 "고추랑 잠지도 이름이 있어." 하며 조근조근하게 대화를 이어간다. "음경과 음순으로 불러줘. 여기가 소중한 건 알지? 어떻게 지켜야 할까?" 아이는 매일 엄마랑 책을 읽다가 다른 이모가 함께 읽으니 좋은 것 같다.

아이들이 신체부위를 정확하게 아는 것은 중요하다. 소중이라고 부르는 것보다 정확한 이름을 알려주자. 소중한 것을 지킬 때 나의 느낌도 중요하다는 것도 말이다. 아이들은 엄마 아빠와 이런 이야기를 해야 한다. 지원이 엄마는 친구에게 책도 읽고, 부모교육도 다녀서 머릿속으로는 이렇게 말해야 하는 것을 알고는 있었다고 한다. 수요일 유치원에서 성교육을 받고 와서 난감한 질문들을 하기 시작했다. 물론 그전에도 그랬다. 아이와 둘이 있을 때는 어느 정도 대답을 했었다고 한다. 그런데 이렇게 다른 사람들이 많은 상태에서 질문을 하는 게 처음이라 더 당황스러웠다고 친구에게 고마워했다.

지원이 엄마는 친구의 말을 받아 지원이에게 말했다. "그렇지? 지원아. 우리 지원이는 엄마랑 포옹도 해주고, 이모랑 손도 잡아. 서로 좋은 마음을 나누는 거야. 싫으면 서로 손을 잡거나 포옹을 안 해도 돼. 하지만 아무리 좋은 사람이라도 우리 지원이가 꼭 알아야 할 것이 있어. 바로 팬티 속의 지원이 몸이야." 지원이는 엄마에게 "내가 아긴가? 나 다 알아." 한다. "그럼 다른 사람이 지원이 팬티 안을 본다던가 보여달라고 하면 어쩌지?" 지원이 엄마가 물었다. "지원이는 보여주고 싶어?" 지원이가 싫다며 기분 나빠 한다. 그날 지원이는 이런 일이 있으면 꼭 엄마한테 말해달라고 손가락을 걸고 약속했다.

인간에 대한 예의뿐 아니라 다른 의미에서 성교육이 필요한 이유가 있다. 10대가 되어 2차 성징을 맞이하며 아이들은 이성에 대한 관심이 증가한다. 사실 많은 10대 청소년들은 어떻게든 성관계를 가지고 있으며 그 비율 또한 증가하고 있는 것이 사실이다. 10대 사춘기의 신체의 변화와 호기심은 때로 원하지 않거나 예상하지 않은 성관계를 가지게 되는 상황을 만들기도 한다. 안전하지 않은 성관계는 때로 성병이나 에이즈 등 위험한 질병에 노출되게 한다. 이런 질병으로부터 아이들을 보호하기 위하여 성교육은 필요하다.

해마다 학교에서는 학교 성교육 표준안에 의해 성교육을 실시한다. 여러 사정상 단체교육을 하기도 한다. 요즘에는 많이 없어졌지만, 때로 학교에서는 피임에 대한 언급을 금지시키기도 한다. 성교육에 대한 오해가 있다. 성교육, 특히 콘돔이나 다른 피임이 교육내용에 들어가면 아이들의 문란한 사생활을 조장한다고 생각하는 사람들이 있다.

화재예방교육을 생각해보자. 단순히 불조심으로 그치는 것이 아니다. 119 신고하는 법에서부터 소화기를 올바로 사용하는 방법까지 교육한다. 불이 나라고 교육하는 것이 아니다. 성교육도 그렇다. 개방적인 성교육은 사춘기 청소년들이 본인 자신의 안전을 책임지는 건전한 교육이다.

사회가 변했다. 가정과 학교도 변해야 한다. 이미 우리 아이들은 변한 세상을 받아들이고 저 멀리 달려가고 있다. 학교에서 이루어지는 성교육은 사실 변하고 있다. 우리 기성세대는 '올챙이를 닮은 정자가 난자에게 헤엄쳐가서 난자에 도달하는 수정 이야기'나 '태아가 수술도구를 피해 도망가는 낙태동영상'에 익숙하다. 성의 신체적인 변화에 어른들의 교육이 집중되어 있다.

이제 성교육은 '성평등 교육'을 표방한다. 성교육의 '성'은 단지 생물학적으로 남자인지 여자인지를 말하는 것이 아니다. 사회 속에서의 성, '젠더'를 말한다. 성평등 의식이나 성차별, 성적 소수자에 대한 의견도 말하기 시작한다. 유네스코에서는 이런 새로운 방식의 성교육을 '포괄적 성교육'이라고 말했다. 단지 남녀의 생식기와 관련된 개념으로 국한하지 않고 전 생애를 거친 성과 관련한 모든 경험을 다룬다.

성적 행위는 사실 자연스러운 부분이다. 교육이 없어도 이루어진다.

삶의 한 부분이다. 적절한 성교육이 없다면 사춘기 청소년은 혼란에 빠질 것이고, 때로는 성장으로의 길을 잃기도 한다. 요즘 아이들은 핸드폰을 입에 물고 태어났다는 이야기를 한다. 아이가 자라며 많은 성과 관련한 정보를 접한다. 대부분 인터넷이다. 때로 나쁜 어른들은 아이들을 잘못된 성적표현물로 이끌기도 한다. 아이들은 잘못된 정보를 아무런 안전장치 없이 그대로 흡수한다. 그래서 성교육이 필요하다. 나를 지키는 교육이 먼저다. 성적 자기결정권이나 안전한 성적 관계를 맺는 것 모두 성교육이다. 성교육은 아이들이 자신을 이해하고 스스로 보호하게 한다.

❺ '싫어요, 안 돼요'는 이제 그만

한동안 성폭력 예방교육으로 "안 돼요, 싫어요."라고 외치는 교육이 한참이었다. 많은 전문가들과 교사들이 반대했다. 피해자 중심 교육이 무슨 의미가 있겠는가. 가해자가 없다면 피해자도 생기지 않는다. 반대하는 사람들은 교통사고를 예로 들었다. 보행자의 안전보행도 중요하지만, 가장 중요한 것은 준법운전이다. 횡단보도로 건너는 보행자가 음주운전 차량을 어떻게 피할 수 있을까?

그래서 사회적으로 음주운전에 대한 처벌을 강화하고, 교육을 한다. 보행자 역시 교통신호를 잘 지키는 노력을 한다. 이런 노력들로 인하여 교통사고 발생률은 줄어든다. 성폭력 예방교육도 마찬가지이다. 언제까지 피해자가 '싫어요, 안돼요.'라고 외쳐야 할까.

성교육에서는 가해자를 만들지 않는 교육이 중요하다. 가해자가 없으면 피해자도 없다. 'NO means NO, YES means YES!'를 교육하는 게 중요하다. 어떠한 행동을 하려고 할 때 상대방의 동의를 구해야 한다. 상대방이 'NO!'라고 말했으면 NO를 받아들이고 인정해야 한다. 혹시 애매하게 대답한다면 'NO'라고 보는 것이 좋다. 자꾸 나의 욕구만 주장하면 안 된다. 상대가 'YES'라고 말했다면, 나의 행동이 상대방에게 피해가 가지 않는다는 의미다.

'NO means NO rule'의 뜻은 'NO'라고 의사표시를 했는데 이를 무시하고 계속 진행하면 성폭력이라는 것이다. 반면에 'YES means YES rule'의 의미는 'Yes'라는 분명한 의사표시가 있어야 한다는 것이다. YES가 없는데 성행위를 진행한다면 성폭력이다. '거절은 거절한다'고 청소년들은 말한다. 이제 그러면 안 된다. '거절을 인정한다'고 해야 성숙한 어른으로 성장하는 것이다.

사춘기, 인정해주는 만큼 성장한다

'사람은 믿어주는 만큼 잘하고, 아껴주는 만큼 머물고, 인정해주는 만큼 성장한다.'

– SBS〈낭만닥터 김사부 2〉중

무한한 가능성을 가진 존재, 청소년이다. 대통령이 되고 싶기도 하고 유명 유튜버가 되고 싶기도 하다. 때론 사회의 작은 불빛이 되고 싶기도 하고, 친구들과 여행하며 살고 싶기도 하다. 어른들과 달리 아이들은 꿈이 있다. 아이들은 꿈을 꾸는 만큼 성장한다.

막상 학교에서의 아이들의 하루는 피곤하다. 아침에 겨우 일어나서 밥을 꾸역꾸역 먹고 학교로 향한다. 삐죽삐죽 솟은 머리로 학교 현관에 도

착한다. 교실에 가면 나와 같은 아이들이 30명은 더 있다. 숙제도 많다. 오늘 아침 조회도 내야 할 것, 해야 할 것투성이다. 6교시 혹은 7교시의 수업까지 일과가 빡빡하다. 급식을 먹고 하교하는 길, 발걸음이 가볍다.

학교에 있는 시간에 아이들은 끊임없이 경쟁한다. 수행평가도 해야 하고, 시험공부도 해야 한다. 생기부에 적을 것을 위해서 동아리 활동도 한다. 다람쥐 쳇바퀴처럼 하루하루 흘러간다. 학원에 갔다가 집으로 간다. 숙제를 하고 잘 때까지 아이들은 스마트폰을 내려놓지 못한다. 숨 막히는 생활 속에서도 아이들은 친구랑 이야기도 하고, 연애도 한다.

유치원 때와는 달리, 초등학교 고학년이 되면서 고3이 될 때까지 아이들의 몸은 변한다. 마음도 항상 달라진다. 짜증도 솟구치고, 남과 비교하기도 한다. 어른들은 공부가 제일 쉽다고 한다. 고등학교를 졸업하면 더 다양하고 복잡한 일들이 기다리고 있다고 한다.

질풍노도의 시기라고 하지만 사실 아이들은 순수하다. 아직 포장할 기술이 없기에 날것 그대로의 마음 한 조각을 내비친다. 살아가면서 필요한 것은 어떠한 문제를 만났을 때 스스로 해결할 수 있는 힘을 기르는 것이다. 아이들에게는 그런 힘이 있다.

어른들이 해야 할 일은 하나다. 사춘기 아이들이 잘할 수 있다고 믿고, 아끼고, 인정하는 것이다.

사람은 믿어주는 만큼 잘하고, 아껴주는 만큼 머물고, 인정해주는 만큼 성장한다.

'사람은 믿어주는 만큼 잘하고,

아껴주는 만큼 머물고,

인정해주는 만큼 성장한다.'